浙江有意思

“浙江有意思”系列

总策划 王　寒

杭州有意思

林琳 著

浙江工商大学出版社·杭州

作　者　简　介

林　琳

林琳，笔名兰心、陌上花开。资深媒体人，深度文字爱好者，高龄胖少女，灵魂段子手。爱生活，爱美食，更爱杭州。生在杭州，长在杭州，成年后离开杭州最长的时间，不超过二十天（毕竟年假最长只能请这么多）。写完这本书后，感觉自己更不了解杭州，更想了解杭州了。

《都市快报》副总编辑

代表作有：

《花编新闻》

《宝贝是这样长成滴》

1

那个时候,国内各杂志社的编辑还有去各个城市约稿的习惯。

北方一个杂志社的编辑来杭州约稿。

他给大家打电话,大家都回答:“好啊好啊,那我们约西湖边喝茶啊。”

这个编辑在西湖边从早到晚喝了一天的流水茶。虽正值工作日,但没有人和他说要去上班,大家慢悠悠来,慢悠悠走。我是下午去找他的,侃了半天后他终于忍不住问我:“你们都不上班吗,为什么我一个电话就都来西湖边了?”

奇怪,难道他希望我们拒绝他啊!

但这个问题我现在也答不上来。我们真的有在上班的啊!

2

我有个好朋友,叫戴军。对,就是那个唱歌巨好听的歌手!说起来,他最早开始唱歌就是在杭州。兜兜转转,这几年他又回到杭州,投身电商事业,顺便把自己的带货直播,变成了小型演唱会直播,先让自己唱个过瘾。当然,我们听得也很过瘾。

他告诉我，早前在杭州唱歌时，觉得杭州真的太悠闲了，永远能叫到一大帮朋友，慢悠悠聚在一起喝茶，喝着喝着天就黑了——对呀对呀，我说，我刚刚工作的时候，就是这样的啊，一大帮人在西湖边随便喝着茶，就过了一天。

二三十年过去(哎呀暴露年龄了)，他回到杭州，发现杭州变了，变忙了。每个人都在加班，每个人都在路上，每个人都好像被按了快进键，这个城市的速度好像越来越快了。

但他仍然致力于发现杭州比较慢的那一面，所以他周末老是从很忙很忙的城西，跑到相对慢一点的城南，在大井巷这里的小咖啡馆里度过一个下午。

是怎么度过的呢？唉，我是不会告诉你们，他是开会度过的。

3

报社的同事来自五湖四海。

有一个来自北边一点省份的朋友到这里上班，第一个星期就和我说："你说你们杭州人，也太奇怪了，每一个人都像城市代言人一样的，说不得你们这个城市一点不好，到处有人劝我留下来，好像要养我一辈子似的！我走了那么多地方，第一次碰到这样的事，一般人至少会自谦一点啊！"

过了两个月，他忽然带着一种淡淡的思索的神情说："真奇怪，昨天有人说杭州不好，我居然有点生气了！"

你好啊，杭州人。

4

我参加王寒老师《浙江有意思》的读书会，聊杭州。她说杭州极具女性美。我觉得不能一言以蔽之啊，就补充说，那也是有“杭铁头”的。

王寒老师说，那她可没感受到过，杭州人都打不起架，只是嘴上骂骂的。

我想了想，觉得不能示弱，就回答她：“那也不是的，‘杭铁头’是在有大事发生的时候才能看到的。一般情况下，杭州人都很和淡。”

当然啦，你知道的，就好像家里女人管小事、男人管大事一样，这一辈子多半也发生不了啥大事啊！

5

西湖里有一块石碑，上面刻着两个字：虫二。

这块碑在西湖中间的湖心亭这里。

传说当年乾隆下江南，和纪晓岚夜游湖心亭，题下了“虫二”二字，只有纪晓岚猜出了皇帝的意思：那是皇帝在盛赞这景色“風月”无边啊！

当时也没报社的记者在边上，这传说谁也不知道真假。

反正整个杭州，和乾隆皇帝有关的传说太多了，杭州人也并不差这一个啦。

风月才是正经事。

“風月”无边

6

杭州有很多理所应当的事。

西湖“理所应当”地在市中心荡漾着水波，你随时随地去，它都泛着波光等你来。绕外西湖一圈，将近十一千米。绕里西湖一圈，大约四千米。

这里是杭州人锻炼“刷步”最多的地方。穿过人群的喧闹，杭州人习以为常地免费享受这样的湖光山色。

白天，西湖是游客的（不过杭州人也很爱啊）。晚上，西湖是杭州人的。

只要你愿意，随时随地“理所应当”，西湖就在那里。

以至于杭州人多多少少会对外地景点动不动收门票这件事，颇有微词。

7

西湖不收门票一直是杭州人引以为傲的事。但其实这件事的开始是在21世纪初。事实上，在西湖仍然收门票的年代，它也有别于国内其他景区：不像很多大景区那样，围起来卖门票。城市依湖而建，也没办法把它围起来卖门票。所以在我小时候，西湖边的景点都零敲碎打，有点像苏州园林，是一串沿湖散落的小珍珠。

2002年国庆节，西湖新南线重新开放，市政府下定决心，打通了整个南线，取消了门票，小长假第一天就有约三十万人涌进以前不怎么热闹的新南线。这一年，虽然损失了以前的门票收入，但是带来了更多的客流和飙升的整体消费额。

杭州人的数学是学得很好的！

8

虽然西湖全面免门票是近些年的事，但在我小时候，六公园一带就是不卖门票的。

每周末，六公园的一棵大树下，都会聚起一群人，这群人互相用英语打招呼，谈天说地，人称“英语角”。来这里，是我少女时代很难得的可以光明正大出来玩的机会。所以每次我都很珍惜，也真的交到了几个朋友。

英语角来来往往的人很多,但核心就那么一群。每次来都能碰见的,还有一个中年"疯子"。没有人理他,他就站在外围,说着一口流利的英文,大声地自言自语,特别激烈。我有点怕他会忽然发疯,但其实从来没有,他就一直在那里说说说。以我的英语水平,我并不能听懂他在说啥。

很后来,我才知道,当年马云也爱混在这里。

有点令人扼腕呢!早知道就应该坚持去的!

9

杭州的另一个加分项,是斑马线前车让人。这件让很多来杭州旅游的外地人感动、让本地人淡定又骄傲的事,追溯回去,也就是这几年的事。但是杭州人为了让它变成一种"理所应当",前后花了很多年。

时间回溯到2004年,其实就在这一年,新的交通法就规定了,机动车必须在斑马线前让行,否则就违反了交通法。

说说容易,做起来很难,不然为什么到现在这一点仍然是杭州的骄傲呢?从这一年开始,杭州的媒体追逐着斑马线上发生的一切。以《都市快报》为例,2005年这一年,就有超过一百篇报道与斑马线有关。

最终起到关键作用的,是杭州公交集团。公交集团有约一万六千名司机,从2008年底起,他们被要求严格遵守"斑马线前车让人"的规定。到了2009年初,就已经有网友在当时杭州最红的本地论坛"19楼"上发帖"最近看到越来越多的公交车在斑马线前等行人通过,好感动”。到了这年 8 月，外地媒体开始点赞杭州公交车的这件令人感到温暖的小事。

再之后，就是你们知道的越来越多的私家车加入了这个行列，终于有一天，有个外地人被斑马线前齐刷刷停下来等他过马路的车辆惊住了……

所有你习以为常的美好，可能都不是本该如此的。

斑马线前车让人

10

生活在杭州，出门的时候，“理所应当”不必带现金。

在杭州一周也用不了一次现金，只要带上手机，可以搞定一切，以至于我常常忘记还有现金这种东西。

这件事真该谢谢马云。

有了支付宝扫码支付功能，杭州人都不用现金了

11

为了迎接亚运会，钱塘江边造了两个体育馆，非常有杭州特色，形如一大一小两朵莲花，成为杭州最新的“网红打卡点”。特别是晚上灯

光一打，那叫一个如梦似幻。

杭州人是很期待亚运会的，为亚运会设计的会徽也是相当有杭州特色——由扇面、钱塘江、钱江潮头、赛道、互联网符号及象征亚洲奥林匹克理事会的太阳图形这六个元素组成。这其中，扇面、钱塘江、钱江潮头和互联网符号，都特别杭州。杭州亚运会三个吉祥物的名字也很有杭州特色："琮琮"当然取自良渚的代表性文物玉琮；"莲莲"显然说是的杭州夏天的"C位"荷花；"宸宸"源于拱宸桥，代表世界遗产大运河。

不过我倒是觉得，当务之急，还是要让来参加杭州亚运会的各国运动员，早日熟悉支付宝的电子支付流程啊……

12

在杭州，公共自行车"理所应当"地在每一个热闹的地方刷着存在感。

骑它上龙井山当然是不行的啦（但我也见过）。龙井山可是杭州的"秋名山"，没点水平是上不去的。比如我，哪怕骑着最专业的自行车，也骑不上山顶。

但临时出门又怕堵车，公共自行车真是跨时代的存在啊。

13

装修特别"高大上"的杭州图书馆"理所应当"地向每一个人开放，包括流浪汉（唯一要求是，洗干净手才能阅读）。

神奇的是，杭州人还可以做一件事：去新华书店借书看。

如果你在新华书店看中一本书，用指定的 App 扫过发现这本书并不在杭州图书馆的馆藏书目里，可以“理所应当”地不付钱直接带回家，看完还给图书馆就好了。

这个政策是 2016 年初推出的。十个月里，杭州人帮杭州图书馆买了约五百万元的书。

杭州图书馆特别感谢了大家。

14

说到书，2016 年 4 月，京东图书平台出了一个图书报告。在最爱阅读的城市排名里，北上广包揽前三，杭州才排到第十。

好吧，看看杭州人都爱读啥书吧。国内某主要购书平台数据显示，杭州市科技类图书消费占图书音像总消费的 9.24%，其中，编程语言与程序设计、软件工程及软件方法学等消费表现尤其突出。

所以，杭州真的是“天堂硅谷”啊！程序员们“理所应当”来杭州啊！

15

夏天第一朵荷花开的时候，报纸“理所应当”地让这朵荷花上了头版头条。

冬天第一片雪花飘落的时候，全杭州的人“理所应当”地觉得这消息特别重要。

有一年火星特别接近地球以至于亮得像一个灯泡，报社热线“理所应当”地接到了无数报料电话：快看天上！

还有一年，月亮特别大。热线又爆了。所有人都说，快看啊，大月亮。

只要是美的东西，杭州人都“理所应当”地觉得是重要的。

16

杭州四季分明。

夏天，“理所应当”的热。

冬天，“理所应当”的冷。

春天和秋天，“理所应当”的美不胜收。

当然还有“理所应当”的堵车，“理所应当”的高房价，“理所应当”摇不到的车牌号，“理所应当”的排队吃饭……

所有大城市的“理所应当”，杭州“理所应当”也拥有。

17

可是相比其他城市，杭州是“理所应当”得刚刚好。

半城山水，满湖烟雨，刚刚好。

堵车时转头看见街心花园的郁金香，刚刚好。

城市越来越大，却又没那么大，刚刚好。

脚步越来越匆忙，却能一走就走到西湖边，刚刚好。

事情越来越多，但还能容下几间二十四小时营业的书店，刚刚好。

人行横道线刚刚好。

西湖刚刚好。

你和我的爱，刚刚好。

我的城，刚刚好。

18

杭州人越来越爱运动了。

有一个特别明显的证据是，以前大家聚会，吃完饭会接着吃第二场（杭州“吃货”也真是太多了）。现在，大家聚会结束，到停车场纷纷换上球鞋，开始绕西湖走路。

我想，大概是因为每个人都有在微信运动上“刷步”的需求吧。

社交真的改变生活啊。

19

G20 杭州峰会结束后，杭州吸引了周边大量的游客来玩。

原来不太有人游玩的钱江新城从早到晚都有来自周边地区的游客，他们跟着举着小红旗的导游来参观。

人太多，垃圾筒不够用了，广场上留下很多垃圾。

杭州人很抓狂，但是他们没有破口大骂。

几个小年轻半夜组队去广场捡垃圾，还顺带做了个有关垃圾的调查，结果显示真的有很多人还在喝娃哈哈八宝粥！

小年轻们写了一篇文章发在微信公众号上，转眼就“10 万＋”。

于是很多很多杭州人都在晚上和周末去捡垃圾。

骂有什么用呢，不如一起把它搞干净啊。

杭州很快恢复了干净。

20

当年王国平提出打通大运河两岸游步道，说要把运河沿岸从一条观光路变成杭州的健身路。

他做到了。

其实当时大运河在大家心里得分不高，主要是水不好。游步道打通后，这里真的成了一条健身路。

杭州人愉快地给在运河游步道上走路这件事起了一个特别好听的名字——“走运”。

都市快报社办过第一次大规模的“走运”活动，一起走的，有当时开在杭州的美国猫头鹰餐厅的员工，餐厅服务员都是颜值很高的姑娘。

多少年过去了，美国猫头鹰餐厅早就倒闭了，但是“走运”这个事一直坚持了下去。

特别是每年年初七和年初八这两天，公司开工，很多单位的团队建设活动都是“走运”。

越走，运越开。

21

我有一个朋友，在西湖边莲花峰路上开了一家叫“西湖庐驿”的精品酒店。

他在院子里种了很多桂花树。他说，在杭州，秋天的时候要是闻不到桂花香，客人说不定会以为自己来了假杭州。

这是真的。秋天的杭州，总有那么几天，整个城市都像是浸在糖里，连呼吸都是香甜的。也不必刻意去找，因为秋天的杭州真是满城桂花香。连小区里都栽满了桂花树，满陇桂雨这一带更不必说了。但是我建议，那一带要晚上开车去游。

花家山下流花港，花著鱼身鱼嘬花

沿龙井山山路一直开上山去,从满觉陇下来。音乐开小点,窗子开大点。

桂花不需要停下来赏,它的香气就在你呼吸之间,是杭州秋天的味道。

22

在杭州这么多有个性的书店里,晓风书屋必须排得上名号。

1996 年,晓风书屋在体育场路上开出了第一家门店。二十多年过去了,用书店主理人朱钰芳的话来说,体育场路上的晓风书店总店,地板都已经被爱书人来来回回“盘出了包浆”。

总店的店面并不大,朱钰芳仍然挤出了一小块空地,用来安排各种读书活动。经常有作家应邀到店里与读者面对面,那时狭小的空间里就挤满了人,“高朋满座”就是用来形容这个场景的。热闹,但并不喧嚣,因为爱书人自有一点小小的矜持。

有关晓风书屋的故事很多,来来往往,自有无数文人墨客。但在我看来,晓风书屋的暖,却另有落脚之处:在医院里。

2016 年的时候,晓风书店应邀把书店开进了浙江省人民医院大楼——不不不,书架上并没有什么专业医疗书籍,走的是晓风书屋一直以来的文艺社科路线。试运营的时候,来这里买书的病人和家属提了个建议:能不能安装几个输液吊瓶架啊?

冷冰冰的输液吊瓶架,就这样架进了书店里,很多病人的输液时间,因此染上了一缕书香。

这应该就是独属于晓风书屋的温暖和浪漫吧。阅读,本就应该是一件家常小事,但可以刻进时间里,就像吊瓶里的水,一滴一滴,慢慢成为人们生命的一部分。

23

杭州的桂花,以前多种在寺庙里,所以白居易忆江南,忆的是“山寺月中寻桂子”。要到明代以后,满觉陇的桂花,才开始出名。

满觉陇在杭州南高峰南麓的一个山谷里,据说这个名字来自北宋年间这里一间叫“满觉院”的寺庙。

明代人高濂在《满家巷赏桂花》中写道:“桂花最盛处唯南山、龙井为多,而地名满家巷者,其林若墉若栉。一村以市花为业,各省取给于此。秋时,策蹇入山看花,从数里外便触清馥。入径,珠英琼树,香满空山,快赏幽深,恍入灵鹫金粟世界。”

林若墉若栉,大约是桂花林种得密密麻麻的意思。高濂还说,这里整个村都以卖桂花为营生,到秋天的时候,从数里之外,就可以闻到桂花香,到了山里,更如同进入金色的仙境一般(可见当时满觉陇一带种得比较多的,应该是金桂)……而桂花是很容易被风吹雨打就掉落的小小花朵,是以这里的景点被人们称为“满陇桂雨”,因为桂花盛放的时候,一阵风过,盛开的桂花就会像下雨一样,铺满那里的地面。这是很美很美的景象。

不过,你可能也注意到了,高濂特别提到了,这里整村人,都以卖桂花为生。所以这里为什么会把桂花种得密密麻麻呢,起初很可能只是因为，这一村人要靠桂花过日子呀。如果唐时的桂子落在山间成就了一段传说，那么明代满觉陇的桂花，尽管美若仙境，却自有一番人间烟火。郁达夫写《迟桂花》，也是满满烟火欲望。桂花的香甜，十分入世呢。

24

根据2018年最新的统计，杭州共有八百四十二位百岁老人，其中年龄最大的一位老人，叫王桂花，已经一百零八岁了。

这么算算，王桂花老人生于1910年。1910年是清宣统二年。原来，王婆婆和阮玲玉、钱锺书、费孝通是同年生人呢。

王婆婆住在杭州钱塘新区，这里老底子属于萧山，离杭州市区有约四十千米。这点路，现在开车不用一小时就到了。在我小时候，大人如果去萧山，要算出差，是要过夜的；王婆婆小时候，那四十千米，就更遥远啦。而1910年，对杭州来说，也是一个重要的年份，因为这一年，杭州火车站正式从城外的清泰门站搬到了城内，从此被杭州人亲切地称为“城站”。杭州城站是中国最早建设的一批车站之一，见证了杭州城进入铁路时代的历史变迁。

拥有城站的杭州，无疑已经是当时交通发达的大城市之一了。不过，当时的铁路，五六千米便算一站。杭州段的铁路叫江墅铁路，江指的是江干，墅则是湖墅，有五个站点，分别是拱宸桥、艮山门、清泰门、南星桥、闸口。一张老旧的铁道图显示，最长的一段是从拱宸桥到艮山门，长约五点八千米。

王婆婆家距离市区的约四十千米，在她漫长的一生中，在这段路程上花费的时间不断被科技缩短，而王婆婆的长寿秘诀，是十里八乡都赞誉的好脾气。说起来，王婆婆一家都很长寿呢，以她为起点，全家算起来有八十五个人了，真是子孙满堂。

有趣的是，王婆婆大名叫王桂花，不过她不是桂花时节生的，她的生日是5月4日。

25

杭州年纪最大的老婆婆名叫王桂花。

在杭州，叫桂花的人可多可多了。2016年，有好奇心爆棚的记者做了一个统计，杭州至少有两千一百一十八个人名字里带“桂花”！这其中，叫王桂花的人倒不是最多的，最多的是陈桂花，有三百八十五个——没错了，杭州人是真的很喜欢桂花，以至于其中还有一个汉子也叫桂花，真爱桂花无疑了！

但这并不是最有意思的。用重名查询系统查了一下，浙江省叫桂花的人最多的地方，是台州。光陈桂花就有八百九十九个！

看来，杭州和台州，就是浙江秋天的两块桂花糖。

26

桂花是杭州的市花。

这并不是哪个杭州人拍脑袋定下来的，而是1983年的时候，全杭州市民投票选出来的——在两万一千五百一十八张有效选票里，选桂花的有九千四百四十一张，它是当之无愧的“花魁”啦。

事实上，那个时候，杭州的桂花虽然颇负盛名，但种得确实不算多，大约是四十万棵吧。当选市花之后，杭州的桂花就真的越来越多了，一个数据是2003年的时候，杭州有五百多万棵桂花树。现在有多少？数不清。

反正，秋天的杭州，就连呼吸都是香的，不用吃糖，也觉得甜了。

27

杭州有家面馆叫菊英面馆。

他们家生意特别好。

但由于夏天太热了，所以这家面馆的老板娘每年都给自己放两个月暑假。

是每年哦！也没有别的计划，老板娘说：“我就是想‘窝里头蹲蹲’。”

放暑假也没什么仪式，就是在店门口贴一张纸，任性地宣布自己放假了。

杭州是有句老古话的：“好汉不赚六月钿。”

唉，由此可见，我们都不是好汉。

28

由杭州开始席卷大江南北的一个节日，当然是“双十一”。然而在“双十一”之前，杭州人爱购物的天性就已露端倪。

必须载入杭州商业事件簿的一个日子，是 2005 年 11 月 16 日。在 2005 年以前，杭州各商场做得最大的促销活动，是“满就减”。而这一年的 11 月初，杭州百货大楼为店庆推出了满三百送两百的促销活动。这种促销模式立竿见影地激发了杭州人的消费热情，但这只是一个开始。

这一年的 11 月 16 日，银泰百货在店庆这天史无前例地推出了满四百送三百的活动。同处武林商圈的杭州大厦当然也不甘落后，用同样的方式在这一天也开始促销，更别提就在银泰武林店边上的杭州百货大楼了。这一波操作直接引发了武林商圈一带的大堵车，无数杭州市民赶到武林商圈购物。到了下午，一直不愿意推出满送促销的杭州老牌百货公司“解百”也忍不住出手了，来不及打广告，就在商场里用一张“满四百送三百”的海报加入了混战……

这大概是杭州史上“商战”最混乱的一天，各商场还会根据其他商场的情况调整促销策略。这一波操作不仅引发市中心大堵车，还导致商场内部像演唱会现场一样，手机通信都不正常了。

我严重怀疑，马云是从这一天开始有了“双十一”灵感的！

29

杭州人最常用的电话号码之一，是市长热线 12345。

这条热线自 1999 年开通后，因为永远有人接听有人反馈，渐渐成为杭州人表达民情的主渠道之一。

“知乎”上，有个新杭州人说了个段子，说他有个本地人朋友和他聊天，提起前一阵经过杭州某个路口时发现红绿灯设计相当不合理，就特地观察了好几天，确定不是自己的错觉，于是就打了 12345 去反映这件事。

这个新杭州人没有说后面的故事，毕竟 12345 从接听到反馈还需要一点时间，但让他意外的是杭州人与这个城市的相处之道：一个红绿灯设计可能不合理的路口，让某个并没受太大影响的杭州人观察后产生出“我应该为此做点什么”的想法。这个在他看来就有点意外，而

繁忙的杭州市长热线

更让他意外的是杭州人处理这件事情的方式——因为一个红绿灯设计不合理而去拨打市长热线。

不得不说，杭州这个城市，真的有点意思。

30

我曾一度以为游鸿明的《下沙》就是写给杭州下沙的，后来发现根本风马牛不相及。也对，游鸿明哪能知道杭州真有个叫下沙的地方呀。而且他的“下沙”，就是字面意思：天上下着沙。

杭州的下沙，倒也与沙有关：这里临近钱塘江，整块地域是钱塘江沙土冲积形成，是以名为“下沙”。1953 年至 1978 年，下沙进行了大规模的钱塘江滩涂围垦造田活动，形成并稳定了目前的地域范围。

下沙是杭州新兴的板块，发展太快了，以至于这里很多大路都来不及命名，直接以编号称呼：从一号到二十五号。未来可能会有一次大规模的命名活动吧。

31

2005 年以前，对大部分杭州人来说，提到钱塘江，那就是两个主题：潮水和江鲜。

弄潮儿，最早讲的就是在钱塘江上执旗泅水与潮相搏的少年。萧山人胆大心细，“勇于弄潮”。每年农历八月十八，萧山都要举办隆重的观潮节。要知道，因为杭州湾喇叭口状的特殊地形，这里涌潮非常壮观，到农历八月十八达到一年的最高潮时，潮峰会耸起一面三四米高的水墙直立于江面,绝对算得上天下奇观。

弄潮儿就是和这样壮观的潮水搏斗的人。钱塘江一带居民还有一个传统习俗:抢潮头鱼。

时至今日,已经不再有人从事如此高风险的抢潮头鱼的工作了。

2017 年,央视《一脉钱塘》摄制组在钱塘新区拍摄“抢潮头鱼”,找来找去,找到了萧山新湾街道的沈师傅。沈师傅是真正的“浪里白条”,十五岁就开始和父亲一起抢潮头鱼:“脱光了,拿潮兜跑在潮水前面,看到鱼就跳进去抢,因为大一点的鱼都在潮头里面,抢到了出来也要跳,不然要被潮水绊倒的。”

按沈师傅的说法,抢潮头鱼一度是当地渔民的重要收入来源,一年四季不分昼夜,有潮就能抢,潮越大,被潮水拍昏了卷到空中的鱼就越大,抢的人也越多。在 20 世纪 80 年代,抢潮头鱼的都是本地人,90 年代开始,钱塘新区的外地人越来越多,抢潮头鱼的人也越来越多,但是,出事的人也多了。2005 年前后,潮水卷走了十几个人,杭州对钱塘江沿岸的管理遂越来越严格,抢潮头鱼也逐渐成了历史。沈师傅也告别了这个危险又刺激的行当,专心在家种地。

等 2017 年央视来拍的时候,沈师傅才发现,自己的潮兜已经坏了,只好去邻居家借了一个。

央视拍成了吗?没有。因为喊潮人强烈反对,央视也拧不过喊潮人,没等大潮来,就放弃了。沈师傅就摆拍了几个姿势而已。

因为这最后的摆拍,媒体给沈师傅加了个“抬头”——“钱塘江最后一个抢鱼人”。

32

央视为啥要听喊潮人的意见？喊潮人又是什么人？

与弄潮儿不同，喊潮人是看潮人群的守护神。

钱塘江大潮对很多人来说，有莫大的吸引力，但他们完全不能想象大潮的危险——有一年，在六和塔附近的江堤边，大潮扑上岸来，一直打到了马路中间！

江边的喊潮人大多是老练的渔民，他们从小在江边长大，熟悉潮水。大潮汛期间，他们会拿着潮汐时刻表，在岸上密切关注江水动向；潮水来之前一个小时，他们就开始在岸上大喊"潮水来了，注意安全！"，以提醒在江边玩耍的游客。他们甚至会强行把游客拽到安全的堤坝上。

自从有了喊潮人，观潮的安全系数大大提高了。不过，也有小问题：大部分喊潮人喊的都是萧山话"潮水来哉"，出现过好几次在江边钓鱼嬉戏的外地游客根本听不懂的情况。

喊潮队的叔叔伯伯们很焦虑，现在他们已经开始努力学普通话了！

33

在我小时候，我父母要去萧山，那就算出差了。

谁能想到，我们的城市发展如此迅速，多年后萧山已经成为杭州的一个区。出差？别想了。毕竟杭州"吃货"进行了很多年的娱乐项目就是去萧山吃路边店。

说到吃，这几年到了10月份，杭州的新闻媒体上就会有关于“萧山年夜饭”的稿子，说萧山人基本上10月到11月就要开始吃年夜饭了！

为啥呢？我采访了我的 个朋友，她是一个萧山媳妇。我问她：“你们真的从10月份就开始吃年夜饭吗？”

她说：“哪有啊！只是萧山人聚餐方式和别的地方不太一样而已。萧山人年底聚餐，也是轮流请客的，但不是今年我请、明年你请，而是在同一年完成一轮。比如家里有七大姑八大姨，年底肯定得聚餐啊，那必须每个人都做东请一次，才算聚完这个餐。那过年期间根本轮不过来，所以很多萧山人从10月就开始为过年聚餐。就算这样，可能到年三十都还轮不完，要一直吃到正月十五。”

久而久之，就传成萧山人10月份就开始吃年夜饭了！其实就是差不多同一伙人，连吃两三个月……

34

湘湖有一个考古爱好者一定要去“打卡”的地方——跨湖桥遗址。

跨湖桥遗址最近十几年才渐渐为人所熟知。对部分出土文物用碳十四断代法测定年代：最早距今约八千年，古老程度超过河姆渡文化。其中就有迄今发现的世界上最早的独木舟，长约五点六米，由整棵马尾松火烧锛刻而成。但跨湖桥遗址直到2001年才名动天下，被国家文物局评为“2001年度全国十大考古新发现”之一。

为什么到21世纪才为人所知呢？

可能，是因为孤独吧。

跨湖桥遗址的历史时期相当单一，像是历史书里孤零零的一页，没什么起承转合，就马上被水淹没了——根据地质学家的研究，跨湖桥遗址当时是被汹涌的潮水迅速淹没的，就此消失在历史的长河里——你可以将它想象成一个小型的亚特兰蒂斯。也正因为它消失得如此迅速，潮水和泥沙就像树脂一样包裹了它，留住了陶器和骨制工具。如今在湘湖旁边建造了跨湖桥遗址博物馆。这座船形的博物馆分为地下遗址保护厅和地上陈列厅。地下遗址保护厅位于水下六米多，包括独木舟在内的跨湖桥文化中最精华的文物都保留于此。八千年来，跨湖桥遗址成了一块历史的琥珀。

跨湖桥遗址

35

杭州市人口已超千万，在各城区中，目前人口最多的城区是余杭。

余杭算是杭州的一个新区，2001 年才并入杭州。但余杭的历史，则可以追溯到大约五千年前，大名鼎鼎的良渚文明就发源在这里，这里是中华五千年文明的起源地。

考古发现，五千年前的良渚古城就已经颇具规模。从面积上看，整个古城有约一百平方千米；有完整的水利系统——这个水利系统是中国迄今为止已知的最早、规模最大的水利系统，也是世界上最早的拦洪水坝系统。

而良渚考古最重大的意义是：确定中国早在五千多年前的良渚社会就已经进入早期国家文明阶段了，以考古获取的科学的证据证明了中国文明史的长度。

良渚玉琮上的神人兽面纹

36

良渚遗址自1936年被发现后，不断地给世人带来震撼。到2007年，考古人员发现了良渚古城，更是轰动了整个考古界。

良渚古城的水利系统相当先进，可能是因为临近天目山麓，五千年前的良渚人需要防山洪来保护良田。而整座古城留下了大量五千年前的生活线索，时至今日，仍常有新发现。比如，整座古城里，有大量的骨头。发现最多的，当然是猪骨头。五千年前，猪已经是家畜了（毕竟在甲骨文里，有猪的房子才叫“家”）。牛骨头也有，还有零星的华南虎骨头，可能是当时的猎人去山上猎来的，而当时的良渚人又不知道虎骨还有什么别的用途，就把虎骨头扔进了河里。但更有趣的是，有一块鲨鱼牙齿！

良渚离可能会有鲨鱼的杭州湾远着呢！这块牙齿不可能是作为食物的一部分出现的，以当时的交通来说，良渚人应该吃不上鲨鱼肉。那就可能是当时的“驴友”带去的了。

要知道，人类的历史，莫不在去远方的路上发生。

37

就在早几年，“住在良渚”对杭州人来说，还是“好远”的一件事，但随着城市越来越大，交通越来越便利，除了在良渚住起来舒服之外，越来越多的年轻人热衷去那里“打卡”。

博物馆当然不必说，每年樱花开的时候，去良渚“大屋顶”“打卡”，就是杭州众多文艺小年轻的热门活动之一。

“大屋顶”本名良渚文化艺术中心，是日本建筑大师安藤忠雄在杭州的首个作品。这里除了可以喝咖啡和阅读，常年举办各种展览、演出、聚会、沉浸式表演、小集市……总而言之就是满足各款文艺青年的不同心愿所在，每个周末，几乎都有或大或小的文艺活动。而春天的时候，这里的百来株吉野樱开得灿烂疯狂。去“大屋顶”看樱花，是杭州城里足够文艺的赏心乐事。

多有趣，每个周末，这个城市最时髦的人在最古老的文化地标约会。

38

良渚古城遗址公园已经对外开放了，但考古工作远未结束，和三星堆一样，良渚也不断有“上新”的可能。

不过这一两年，良渚古城遗址公园里“上新”的是小梅花鹿。刚刚出生的梅花鹿萌翻了一城人。

公园里的梅花鹿是特地养的。为啥在良渚养梅花鹿？原来，在良渚古城遗址的考古中，出土过大量的动物遗存，其中就有梅花鹿骨。这说明五千多年前啊，这里是蛮适合鹿科动物生存的，所以公园也顺理成章地引进了梅花鹿，想要最大限度地还原良渚五千年前的风貌——当然啦，良渚考古至少找出了四十多种动物骨骸，但也不是每种动物都能养或值得养的，像什么野生圣水牛、黄斑巨鳖老早就灭绝了，猪啊狗啊之类的又不稀奇，鲨鱼明显是外来物种，算来算去，还是养梅花鹿最好吧！

那么，梅花鹿宝宝是怎么萌翻全城的？因为良渚的鹿妈妈产房里架了慢直播镜头，方便整个世界都来“云”养良渚梅花鹿。

为了吸引更多人来了解良渚，杭州人也很拼呀。

39

2011年6月1日，传世名画《富春山居图》的前后两段在台北合璧联展，引发了大量媒体关注。

《富春山居图》合璧

《富春山居图》是元朝画家黄公望的代表作，以浙江富春江为背景，充满了传奇色彩。明末清初的收藏家吴洪裕因为太喜欢这画，临死前竟然下令将此画焚烧殉葬。吴洪裕的侄子从火中将它抢救出来，但此时画已被烧成了两段。其中前段为《剩山图》，是浙江省博物馆的镇馆之宝；后段为《无用师卷》，藏在台北“故宫博物院”。

所以，2011年初夏的这场盛事，也把大家的注意力引到了富阳。最先成为“网红”的，是一个叫“东洲”的地方，因为黄公望创作《富春山居图》时，就隐居在这里。东洲街道也不负众望，最后打造出的村落，确实美如画卷。

40

早个十几二十年，杭州开了一家餐厅，叫“严州府”。“文盲”如我要过很久才知道，严州府听起来好像在千里之外，其实它就在建德梅城，根本就是大杭州范围内的一个文化圣地。其历史之悠久、人文之深厚，是值得专门写一本《建德有意思》的。

比如，严州虾灯。

第一次看到虾灯的人，一定会惊呼。因为它实在太形象了：虾头虾尾虾足虾身，舞动时，或转，或腾，或窜。大虾小虾在舞灯人手里，活灵活现，气氛相当喜庆。

不过比起梅城的古老历史，虾灯的历史就没那么悠久了，满打满算也就一百五十年。据说这是因为当时的严州知府奏请朝廷让“九姓渔民”“改贱为良”获准，老百姓欢天喜地，扎了虾灯狂舞庆贺，渐渐就成了流传至今的热闹习俗。

去建德如果有机会，一定要欣赏一下虾灯。

唯一一点说不太出口的笑点：虾灯多半是红色的，夜色里舞起来是真的好看，但很容易看饿了……毕竟，虾只有烧熟了才会变红啊！

严州舞虾灯表演

41

互联网刚刚兴起的时候，在论坛里发言要注册 ID，除了主 ID 外，其他用得相对较少的 ID 被人称为“马甲”。每个人都有好几件“马甲”，我当然也不例外，其中一个沿用至今，叫“陌上花开”。

“陌上花开”这个名字，是很有杭州特色的。一千多年前，吴越王钱镠的爱妃从杭州回临安娘家探亲，回去的时间稍微有点长，钱镠有点急了，就写了一句话给老婆——“陌上花开，可缓缓归矣”——陌上的花开啦，你慢慢回来哦，不着急不着急。当然，那个年代，车马都慢，急也急不得。一千多年前，从杭州到临安可要走上好几天，哪像现在，临安已经成为杭州的一个区了，交通非常便利。

陌上花开，可缓缓归矣

一直到现在，大家都还是很喜欢用这样的句式来催人——“我已经到了，你慢慢来啊”，但实际上就是表达了自己的心急。你看，等人的心情，千百年都是一样的，所有叫你“慢慢来”“缓缓归”的，其实潜台词都是“你给我快一点”。

当然钱镠这一句，诗意盎然，十分契合临安，所以传诵到现在，仍然被广大文艺青年惦记着，比如我就是其中之一。这两年更厉害了，好多服装店、照相馆、咖啡屋都拿这个当店名，总觉得它们都是一脸不耐烦的样子呢。

42

和别的美丽城镇不同的是，一进杭州市桐庐县界，你会看到一块大石碑，上书“中国民营快递之乡”。不了解内情的人可能会丈二和尚摸不着头脑；知道内幕的，比如正在看这本书的你，就会暗自赞叹：在你的“剁手”生涯里，从这个山水如画的地方出来的快递公司，掌控着你等快递的心情。

是的，这里有一个庞大的“桐庐帮”，申通快递、圆通速递、韵达速递、中通快递、天天快递、百世快递，创始人都是桐庐人，而且据说，彼此之间关系复杂。据有关媒体报道，圆通速递创始人喻会蛟的妻子张小娟，是申通快递董事长陈德军的初中同学，还曾担任过申通快递的财务。陈德军的妹夫奚春阳是天天快递的副董事长。中通快递创始人赖梅松的妻子也是陈德军的同学，而韵达速递创始人聂腾云，则是申通快递创始人聂腾飞的亲弟弟……

这么一看，“双十一”，这个小县城才是隐形的核心啊！

民营快递桐庐“一家亲”

43

2019 年 9 月，有个消息刷了杭州人的屏：杭州人打开水龙头，就能喝到来自千岛湖的水了。

杭州人很兴奋。这可是淳安千岛湖的水呀！大家问了很多问题，比如：真的打开就能喝吗？回答是，要喝也行，直饮水标准是达到了，但还是建议烧开再喝。还有人关心：整个杭州都在喝千岛湖的水，不会把千岛湖的水喝光吗？当然不会，经过处理从杭州人水龙头里流出来的水，本来是要下泄到自然河道里的，放心喝就是。

最有意思的一个问题来自环保爱心人士：用能直饮的千岛湖水当生活用水，就像用农夫山泉冲马桶，会不会有点浪费啊！

这个问题专家一时不晓得该如何回答。但是杭州人对千岛湖的喜爱可见一斑。

水龙头一开，“农夫山泉”就来，杭州人，就是这么幸福。

44

2021 年 4 月，杭州进行了最新一次的区划调整，一口气动了六个区，最后确定了十个新的城区。

调整当然引发了杭州人的高度关注。而最让杭州人关注的是，这次调整，将上城区和江干区合并成了新的上城区，而下城区和拱墅区合并后，却被称为拱墅区。也就是说，杭州从此只有上城区，没有下城区啦！

下城区人民多少有点不习惯。不过，很少有杭州人知道，其实以前，杭州还有个中城区。

中华人民共和国成立后，杭州城一共有八个区，其中除了上城区、下城区，还有一个中城区。按现在的地图看，中城区北边是庆春路，南边是清泰街，西边是湖滨路，东边就是环城东路，基本上就是现在从湖滨银泰往东到葵巷地块，应该是当年的市中心了。但这个区块真的太小太小了，随着城市的飞速发展，到 1958 年，杭州的行政地图上就已经没有中城区了。但即便如此，“瓜分”了中城区后的上城区和下城区，放在现在的杭州城里，依然是很小的一块，在全国重点城市的最小城区排行榜里，算得上是名列前茅的迷你。

所以，区划调整，是大势所趋。拥有武林商圈的下城区并入拥有大运河新城的拱墅区后，多了无穷可能。而坐看西湖的上城区与钱塘江北岸的江干区合并后，杭州的城市中心就从西湖直接连上了钱塘江。越来越大的杭州，当然越来越好。

有网友的顺口溜为证：东临平西临安，东西平安；南富阳北余杭，南北富余；萧山滨江西湖，笑傲江湖；拱墅钱塘上城，共享前程。

45

杭州的雪天，冷是真冷。

但架不住杭州人对雪西湖的向往。

2018 年底的一场雪，让杭州人欢呼雀跃。但你肯定想不到的是，这天半夜，注意，是半夜哦，断桥上居然人山人海……

老底子，杭州人是有这个传统的，一下雪，就全家结伴去断桥上赏雪。

赏雪当然是越早越好，但杭州人等 2018 年这场雪的时间太长了，大雪一下，大家都提前到半夜去赏了。

当然，这么人山人海的阵仗，残雪都没了……

46

比雪西湖更令人向往的，是冰西湖。

2003 年 1 月 5 日这天，西湖很难得地冻住了一小半，照例引发全城大狂欢。是的，杭州人真的很爱凑西湖的热闹。西湖边再次挤满了来看冰的人。还有很多人给我们报社打来了热线电话，报社当然很高兴地刊出了西湖结冰的新闻，并且向大家征集关于西湖结冰的老故事。

结果，真的接到了一百多个电话，因为最近一次西湖整湖结冰，是 1977 年。

是真的很难得，据说那一天，人可以从湖边一直走到西湖中心的三潭印月。我们还征集到了当时的老照片：有人站在三潭印月上，边上停着一辆自行车——艺高人胆大说的就是这位了。

也真有掉进湖水里的，不过哈哈一笑完事，毕竟满湖都是人呢。

还有人回忆，1977 年的再约六十年前，西湖也结过一次冰。回忆的是一位当时已经七十多岁的老人，叙述的方式很特别：约六十年前也有一次西湖大冰冻，一户人家出殡就是直接从西山路出发，穿过西湖往虎跑方向走的。

47

西湖里最为著名的标志建筑，当然是三潭印月的那三座小石塔。

我小时候看过一本《西湖民间故事》，这本流传甚广的民间传说故事集里讲，西湖上矗立的这三座石塔，其实和鲁班有关。

说是鲁班带着妹妹来到杭州，结果西湖里一个黑鱼精看中了鲁小妹，要抢走去压舱，不然就兴风作浪为害人间。鲁班带着徒弟在宝石山上凿了一个大香炉，把黑鱼精倒扣在西湖里，救了全杭州的人。香炉的三只脚，就成了三潭印月这道美丽的风景。

还有另一个版本，也是黑鱼精作乱，这次是观音娘娘用个大香炉扣住了黑鱼精。

总之，民间传说，这三座塔就是一只倒扣香炉的三只脚！香炉下面就是一个黑鱼精！

这只香炉该有多大啊……而更有意思的是，这三座塔在湖面上形成一个正三角形，塔与塔之间相距约六十二米。

可以。“六二”这个数字，非常杭州。

48

三潭印月的三座塔大名鼎鼎，但很多人不知道的是，看起来浑然一体的塔，其实是像积木一样搭起来的：从下往上依次包括塔基、塔身、宝盖、六边小亭、小宝盖。它们都是靠重量保持稳固，只有葫芦状宝顶用榫卯结构——通过榫卯，宝顶与上层塔檐牢牢相连。这葫芦宝顶有一个有意的倾斜，大约一度，是为了让塔顶更牢固。

四百年过去了，石塔们还好好地站在湖面上。不过，最近三十年来，数得出来的，这塔就倒过三次。还有读者打电话来说，20 世纪 70 年代，他在塔边上拍照片，就把石塔的葫芦顶蹬下来过……最近一次，则是 2013 年，有一艘游船撞倒了其中一座石塔，塔基以上全部落入水中。

2013 年，信息传播技术已经相当发达，全城人民都关注了事件的进展，有整整一周的新闻主角都是它。

这次抢修花了整个通宵——把倒下的部件从水里捞出来，原样搭回去了，一点看不出来被撞倒过。

这么想想，乐高算啥啊！

49

2013 年，游船撞倒石塔，全城轰动，专家组连夜抢修，开会探讨怎么保护这国宝级的文物。

很多人到那一年，才真正地知道了，三潭印月在水下是啥样子的。

不是大香炉！没有黑鱼精！

塔的圆形基石与水面齐平，下面还有两块方形的基石，再下面，则是松木桩子构成的梅花桩。梅花桩牢牢扎进湖底淤泥，再用一层小石块护住。三潭印月水域，水深约一点七米，下面是约一米厚的淤泥，再下面是硬泥层，桩子到底有多长？差不多五米！

没错，中国古代水上建筑物的水下基础，大多是用松木造成的，杭州另一个明代建筑——拱宸桥，水下基础也是松木结构。

为啥呢？是因为松木具有耐湿的特性，古话“干千年，湿万年，不干不湿放半年”，说的就是它。

所以，区区四百年历史，对三潭印月的松木桩子来说，小菜一碟啦！

三潭印月的小石塔是叠起来的

50

不过，既然不是用来镇压黑鱼精的大香炉，为啥会有这三座石塔呢？

据史载，这三座石塔最早是由杭州著名的父母官之一——苏轼建起来的。当年他疏浚了西湖之后，为了标志水域界线，在西湖水域的最深处划了一个范围，用三座石塔来分界，规定这个区域内，不许民户种植菱角，以保证这片水域的开阔。

这之后千余年，石塔被毁了又重建，西湖也不断被各届市长疏浚修理，现在我们看到的这三座石塔，是1621年，明代的钱塘县令杨万里（不是那个写出“毕竟西湖六月中，风光不与四时同”的杨万里）在小瀛洲南复建的，清康熙年间（1662—1722）又进行了修缮。

如果石塔有灵，它一定对现代人充满了好奇。

因为有那么几十年，大家都好爱到湖里去和它搂搂抱抱啊！

这是为什么呢？

51

去武林广场，要和“八少女”雕像合影。

去西湖当然是要和三潭印月的三座塔合影。

2015年夏天，三潭印月进行保养性维护，杭州某报社做了一次大征集——征集大家和三潭印月的合影。

至少在20世纪70年代，人们还可以站在塔底的基座上，抱着塔合影。后来，边上加了围栏，手划船可以靠近至五六米的距离。再后来，就更远一些了。

52

间株杨柳间株桃，是西湖春天的盛景。

桃红柳绿这种艳丽到俗气的色调，被西湖春天的烟雨一笼，也立刻清新脱俗起来。特别是白堤那一带，只要不是双休日，就美得格外有灵气。

老实说，我对桃花的认知，从小到大都来自西湖。

有一年，去宁波玩，路过奉化那一带，嗬，漫山遍野的桃花，开得猛烈。

我都吃惊了，为什么这里要种漫山遍野的桃花！也没人买门票参观啊！

同行的朋友更加吃惊地看着我："难道你不知道奉化水蜜桃吗?!"

这是我第一次把桃花和桃子联想到一起。好吧，反正我没看到西湖边的桃树挂过果啊。

白堤的桃红柳绿

53

说到桃树，西湖边白堤上，有一棵桃树特别有名，因为有个叫傅拥军的摄影记者用了整整三年，每天在同一个角度拍它——湖边一棵树，两张椅子，背景是隔着湖面的宝石山。

四季流转，花开花谢。春天的时候，情侣在树下谈情说爱。清晨，晨练的老人把鸟笼挂在树上。下雪天有人在椅子上堆了两个雪人，一群人就围着雪人举着手机拍照片。落雨了，吵架的情侣一人一把伞，停在两张椅子边……

傅拥军说："西湖就像一个大舞台，这棵桃树花开花谢，就像舞台的幕布不断变化，而树下活动的各种各样的人才是主角。"

这组照片后来拿到了荷赛奖。

有人不理解为什么这样的照片能拿到世界级的奖项，这多简单啊。

你倒是用三年去关注关注一棵树看？

重点是，这棵树还要这么美。

54

说到风筝，最受杭州人热爱的放风筝地点之一，就是白堤。与其隔水相望的，正是宝石山。所以风筝线会飞去缠住保俶塔，倒也不奇怪。

我有个同事，去采访在白堤上放风筝的人，认识了现在的老公。当然，这件事和我要说的没关系。我要说的是，春天真的很值得去白堤上看风筝。

当然不是那种市面上销售的普通风筝啊，而是风筝爱好者们精心设计的那些。

最有名的一只，当数“白娘子”。每次放起来的时候，它都会被无数人拍照。制作“白娘子”的师傅姓田，他笑眯眯地说，每次放不但会被拍照，还老有人问他，为啥只有白娘子，没有许仙。

所以后来他就做了一只双人的风筝，天气好的时候，白娘子和许仙就相依相偎在西湖上空飞舞，而雷峰塔就在那一头，默默看着。

55

西湖风景实在太美了。

以前是只要天气够好，西湖边几个著名的景点就会聚满扛着长枪短炮的摄影爱好者。现在人手一只手机，所以西湖边到处都是拿着手机拍人拍景拍花拍树拍自己的人。

西湖边有栏杆的没几段，真的，大部分是直接临水的。拍照的人又都明白“好照片就是离得够近”的“真理”，造成的结果就是，老是有人把手机掉进湖里。

怎么办？找警察。

杭州市公安局西湖风景名胜区分局有个叫周翔军的民警，两年来帮游客打捞出六十几部手机！有时候正逢旅游高峰，一天捞好几部也有可能。

刚开始，他用最原始的方法，穿潜水服跳下湖里捞。打捞得多了，他自己开发出了一套打捞工具：一根细长的不锈钢空心杆，顶部焊接一块强力磁铁，配合网兜使用。看起来，这就像一个扫雷工具。接警后，他就带着工具赶到现场，沿着湖边细细搜寻……

成功率很高，江湖上送他一个称号——“西湖捞哥”。他还上了央视。

“西湖捞哥”2020年退休，退休前他打算收徒。消息一出，报名者甚众。

56

“西湖捞哥”当了十多年水警，捞手机其实不是主营业务，更为重要的是救人。不小心掉下去的，轻生的，十几年来他和他的伙伴们救上来一百五十多个人。为了救人，他还自学了各地的方言，这样他就能和救上来的人有效沟通。

“捞哥”救上来过一个小姑娘。“有一次，一个小姑娘跳湖轻生，我在救援过程中学着当地方言说：‘小丫头，有什么想不通的，看你长得如花似玉，追你的小伙子怕要排成长队了。’哭哭啼啼的小姑娘被救上来后就笑了，说自己真的好傻。”

当然，捞手机这种事，广大群众更加喜闻乐见。“捞哥”捞的第一部手机，是 iPhone 4，他一路捞到了 iPhone 7，简直捞出了手机发展史。“捞哥”分析为啥老有人把手机掉水里：“姑娘儿都爱美，在西湖边自拍的时候喜欢把手机拿得老远，这样大概显得脸小一点，这时候手腕的姿势不大自然，一个没拿稳，手机就掉湖里了。”

这一点我不太同意，以我对自拍心理的判断，姑娘们在西湖边自拍，都希望以西湖为背景啦，手机掉也是掉在地上……

“西湖捞哥”

57

说到掉进西湖里的东西，2003 年，为了修湖滨隧道，时隔近五十年，西湖再次见了底。上一次是 1955—1956 年，大旱造成西湖部分见了底，西湖干脆来了一次清淤。这一次则是人工抽水，抽了好几天，预计见底这天，连文物部门都紧张地派人到了现场，全杭州都在猜，湖底会有啥宝贝。

哪有什么宝贝！西湖自古以来，有史载的就经过不下百次疏浚，特别是 20 世纪 50 年代那次，清得很彻底。到 2003 年这次，西湖湖底已露出了原生土，就是当西湖还是潟湖时，从钱塘江冲进来的沙土，里面藏有文物的可能性已经不大了。

但是，湖底简直是个垃圾场！

2003 年，西湖把自己摊开在世人面前，湖底最多的，是酒瓶。圆的方的绿的长的……什么酒瓶都有。

老实说，这个我能理解。月黑风高夜的西湖边，文艺青年或者中年老年，谈着人生喝完了酒顺手往西湖里一丢，能理解。

但其次多的，是碗和烟灰缸。

这个有点不可思议，没理由啊，场景想不太出来。

还有两辆自行车，属于意外。

总之，绝不鼓励往西湖里丢东西！丢人！

58

对1955—1956年大旱导致西湖见底的往事，老一辈杭州人记忆犹新。

“是年秋冬，因久旱，湖底裸露，组织大规模人工挖土，共青团杭州市委组织团员、青年、大中学生共约三万人次。同年冬天，又组织市郊农民近万人参加疏浚。”（《建国三十五年来杭州西湖与环湖地区园林建设》，1984年杭州市园文局编）

事实上，在西湖1951年至1959年的清淤工程中，1955—1956年的西湖大工地只是其中的一段小插曲。

这八年清淤，倒真是清出了不少文物，算下来有一万多件！从新石器时代晚期一直到清代，历代铸造的古钱币、铜镜、铜箭头，几乎都曾从西湖里挖出来过。

最有意思的，是四枚五代吴越国投龙简。

吴越国投龙简啥来历？就是天公特别不作美，或者旱或者涝时，吴越国王钱氏就要祈求“天助”，举行投龙典礼，将上刻祭文的银牌，也就是投龙简，投入湖中。

不过，不能多投。一般一年只能投一次，最多不能超过两次。

逻辑和道理都没毛病，老天爷也是怕烦的吧。

西湖水底到底有啥

59

杭州的夏天，荷花是当之无愧的主角。

2005 年第一朵荷花开的时候，我供职的《都市快报》做了一篇醒目的头条稿子。正好著名报告文学作家陈祖芬也在杭州，看到了这篇稿子，很激动。后来，她在著作《杭州的现代童话》一书里专门写了这件事，说："不知道还有哪个城市会这样，把荷花初绽列为头条新闻？杭州会。这种对美的希冀和对美的体会！"

从这一年开始，杭州第一朵荷花开，成了一件盛事。2006 年，《都市快报》还为当年这朵荷花建了一个博客，每天拍一张照片，给大家下载当桌面。后来，干脆设立了一个摄影比赛，叫"西湖荷赛"，参加者甚众，搞得初夏时分，小荷才露尖尖角，西湖边就挤满了长枪短炮——嗯，当然，西湖边啥时候不挤满长枪短炮呢？

这每年的第一朵荷花，多半开在西泠桥附近，早两年，都是杭州市

夏天西湖第一朵荷花

民周大伯发现,然后向所有媒体报料的。有位冯先生就不服气了,为什么不是他第一个发现呢？2007 年初夏的时候,冯先生下了一个决定,买通西湖边的保安,第一朵荷花开的时候立刻给他打电话,他要做那一年的荷花代言人！结果保安笑眯眯地说:周大伯老早来约过啦！你迟了！

冯先生一生气,打电话给媒体报料,报料内容是“关于西湖边第一朵荷花的暗战故事”。

这一天,是 2007 年 5 月 15 日。5 月 18 日早上 6 点,有人报料西湖边第一朵荷花开啦。报料人既不是冯先生,也不是周大伯,一位天天在西湖边散步的任叔叔意外胜出！

60

我时常在想,康熙和乾隆这样非常喜欢“到此一游”的皇帝,要是来到现在的杭州,他们会留下些啥。

可能很难留下墨宝了,毕竟杭州现在已经发展到没手机靠脸都可以买买买了,留墨宝太复杂了。

那如果这样的话,平湖秋月这个老派景点,也可能入不了康熙的眼,因为坐在平湖秋月的露台上往对岸望,秋水长天,月光清澈,但那种高远宁静有点难以捉摸——对岸灯火通明,光华灿烂,远比月光明亮。

要到很深的深夜,灯光渐弱,人群散去,这里才有一派清秋景象。老实说,也很少有杭州人一定要在中秋节到这里来赏月了。杭州可赏月的地方太多了,可赏月的时间也太多了。

这么想想,竟然有点同情康熙了——他可真没见过多少世面呀!

61

如何一句话证明你是老杭州?

“我去虎跑泉打过泉水。”

没错,即便是我,都没有在杭州干过这件事。这是真正的老杭州才会做的事:黎明即起,带着矿泉水桶坐公交车到虎跑泉打水。毕竟,只有喝过用虎跑泉水泡的龙井茶,才算真正地喝过龙井。

这不是一件轻松的活计,在虎跑泉的取水口,有时候光排队就要排四五个小时,可见中国人为了喝一口好茶能有多拼。像《红楼梦》里的妙玉肯定是不愿意和大伯大妈们挤着排队取水的,所以她只好另辟蹊径,收一点梅花花瓣上的雪水了,也难怪这么珍惜,要把水埋在梅花树下。

去虎跑泉取水的大伯大妈们要豪迈得多,水桶都尽可能带多带大,即便排很长的队,也不吵不闹。对他们来说,这就是他们的社交现场,话题就像取之不尽的虎跑泉水,生生不息,又不紧不慢。

虎跑泉水到底有多甘洌?谁喝谁知道。

62

我当然是喝过虎跑泉水的。

还在老师的带领下做过一个往虎跑泉水里投硬币的实验。

具体怎么做呢?我在百度上键入“虎跑泉水”“硬币”这两个关键词。

你绝对想不到我搜出来的是啥。搜索结果放在这里，你品品，你细品品。

“在杭州虎跑泉的茶室里，一批游客带着奇异的目光看服务员表演。桌上放着一只盛满虎跑泉水的碗，服务员轻轻地把硬币投入碗内。她一口气投了好几枚，水面已经高出碗边好几毫米，可是就不溢出来。看到这一切，游客惊奇地叫了起来。虎跑泉水满而不溢，是由于水中含有多种矿物质，水的表面张力特别大。

“(1)原来，液体表面层分子的分布要比内部稀疏些，分子之间的吸引力和排斥力都减弱了，其中________减弱更多，所以表面层分子之间有相互________的力，这种力叫表面张力，它甚至能使液面形成一层弹性薄膜把缝衣针托住而不会下沉。

“(2)由于表面张力的作用，请你猜想：液面总是尽可能________(填‘增大’或‘缩小’)。设计实验验证你的猜想。”

63

据说，前面我抄的往虎跑泉水里扔硬币那道题，是一道典型的中考题。

这也是我们小时候特别为虎跑泉水骄傲的原因。

毕竟小朋友对水的口感不是很在意，但比较在意科学这门课。

长大才知道，唉，这就是水的表面张力，好一点的水都能做到。

现在杭州城里的自来水都来自千岛湖了，我哪天也得用自来水试试。

64

在西湖的众多标志性画面里，保俶塔算是主角之一，经常会出现。人说“雷峰如老衲，保俶如美人”，但我觉得这句话搁到现在，已经有点不准了，因为雷峰塔现在一到晚上就大放光彩，哪有老衲是这样的，明明是个壮士啊，而保俶塔则实实在在，一直像个江南美人一样，瘦削玲珑，亭亭玉立在宝石山顶。

保俶塔有约四十五米高，相当于十五层楼，所以尽管清瘦，还是让人一眼就能看到。杭州人太熟悉这座塔了，以至于2019年5月，一条新闻引起了杭州人的极大关注：保俶塔塔尖歪了！

其实那个塔尖超细的，眼神不太好的人，不仔细看都看不清。歪呢，倒确实是歪了，前一年做检查的时候就发现有点歪，塔尖微微弯曲，向东南方向倾斜了大约十二度。

因为这座塔是第七批全国重点文物保护单位，不能轻易动，所以怎么处理这个歪了的塔尖，大家也是一筹莫展。

做了无数个方案后，2019年10月，保俶塔闭门谢客，开始维修。

维修难度很高，搭脚手架就搭了二十天。

保俶塔上一次大规模维修，是在1933年。不过现在这个歪掉的塔尖，倒是1997年换上去的，没想到刚过了二十三年就歪了。

塔尖为啥歪了？罪魁祸首也找到了：风筝线。

杭州人是很爱去白堤上放风筝的，但风筝线还闯了这么一个祸，放风筝的人也没想到吧。

65

康熙和乾隆这对祖孙，都十分喜欢杭州，动不动就下江南来玩一趟，以至于西湖边好多事儿都能和这两位扯上关系。

这当中，顶顶乌龙的一个传说，讲的是灵隐寺。去过灵隐寺的朋友都知道，灵隐寺挂了一块康熙写的匾，上面写的是“雲林禅寺”。

为啥明明是灵隐寺，却写成了“雲林禅寺”？据说，因为题字之前，康熙有点喝多了，下笔时思量不周，写了个雨字头，就占了很大一块地儿，无论如何不能写全那个“靈”字了，当下就要赖到底，写成了“雲林禅寺”，写完哈哈大笑（此处参考张国立老师的大笑）：“此处地上有林，天上有云，故曰‘雲林禅寺’。你们说好不好？！”

大家也就只能说皇上圣明了……

好在，皇上确实也圣明，没有真的要求大家从此管灵隐寺叫“雲林禅寺”，灵隐寺就还是灵隐寺。

66

外地人来杭州，除了西湖，一定要去的地方中必然有灵隐。

杭州人当然也从小就会去。

灵隐寺里可看的东西太多了，古经塔、佛像、大殿……真是一步一个景致，一处一个故事，值得你好好地去探寻。我有一个很想推荐的地方：大雄宝殿背面的海岛观音立体群雕。

这是全杭州小伢儿最流连忘返的地方。因为从小大人就告诉我们，这一组群像里，有个《西游记》的故事，这对小伢儿来说也就意味着，在群雕中也许能找到唐僧、孙悟空、猪八戒！

这组海岛观音立体群雕，取材自善财童子五十三参的故事，整组群雕高达十三米，气势恢宏，有一百二十多个表情生动、各不相同的佛像。那里光线其实不太好，要在这么多佛像里找到你想找的孙悟空，着实有难度。但所有杭州小伢儿都坚信自己找到过，我老公甚至能回忆起来孙悟空大概在哪个方位。这个群雕里有孙悟空的认知会跟着他们很多年，然后由他们转告新的杭州小伢儿……

为了写这本书，有一天我特地去问了灵隐寺里的师父，这一组群雕里到底有没有孙悟空。他一听就笑了，说："你不是第一个问这个问题的人！但是遗憾地告诉你，没有孙悟空，也没有唐僧！不过，下次要是有人叫你找，你叫他先找到济公！不要告诉他，济公在整个群雕的左上方，让他自己找！这里还有托塔李天王呢！去找找看！"

唉，我真是有点后悔知道真相了。

67

杭州的名刹很多。老市长苏东坡最喜欢哪个很难讲，但比较喜欢的一定包括径山寺——他当年多次去径山玩，走的是现在的上香古道，除了留下不少诗词，还留下了一个"洗砚池"。传说，因为他在这个池子里洗笔洗砚，池水都黑了（苏市长写径山的诗有十几首，是不少啦，但要说他把径山上水池的水都洗黑掉，也实在太难为他了，他又不是王羲之！）。为了让水澄清，他就去买螺蛳，目的是放进池里净化池水。但可能当时在杭州卖螺蛳的人就已经开始提供优质服务了，以至于他买到的螺蛳都是被剪掉尾巴的。但万万没想到，这些螺蛳被扔进池子里后居然活了下来，连带着池水也清了，径山从此有了一种“无尾螺”。

其实，全江南所有的“无尾螺”都有一个与放生有关的故事，径山的这个非要和苏东坡扯在一起，也和苏市长人设有关：“吃货”嘛，相关传说里多多少少得带点食物，对吧？

“我昔尝为径山客，至今诗笔余山色。”苏市长对杭州，是真爱啊。

68

有不少年轻人来这里，会觉得这里的建筑与日本的寺庙类建筑很相像，事实上，很多日本寺庙都是仿照径山寺曾经的模样修建的，这里才是真正的源头。

径山寺始建于唐朝天宝年间(742—756)，据传当年有个高僧法钦禅师云游到此地，喜欢上了此地风景，就留了下来结庐礼佛，这就是径山寺的由来。到南宋宁宗时，朝廷评定江南禅院“五山十刹”，径山寺为“五山”之首。当时，日本来径山求法者络绎不绝，这些求法僧侣回国后，不仅带回了佛法、建筑样式，还带回了当时径山寺最具盛名的“茶宴”——日本茶道就源于此。

2022 年 11 月的一个周末，我去径山寺赏秋，结果发现朋友圈里一半人都在那里。大家晒的图里都有黄得明亮的银杏，凌霄阁的飞檐，映着茶花(径山寺的白茶花花瓣夹着一丝红色，不知道是不是金庸小说里说的“美人抓破脸”)的水中锦鲤,以及——咖啡。

没错,以茶闻名的径山寺里开了个咖啡馆(当然也有茶卖)。买咖啡的游客一般会在纸杯外套一个印有“禅意的径山”字样的杯托,然后拍照留念。不要觉得突兀,文化的传承,有时会以意想不到的方式展开。

而径山茶亦有自己奇妙的流传:电视剧《梦华录》里,刘亦菲在一次斗茶中点赞了径山茶,径山茶立刻火出了圈。爱喝咖啡的小年轻未必知道陆羽的《茶经》就是在径山写的,但火出圈的影视作品让他们认识了径山茶,这不也很奇妙吗?

69

小朋友都很喜欢济公的故事。所以以前杭州小学生春游秋游有一个必选项目:去净慈寺。

杭州人是很爱净慈寺的,金曲《南屏晚钟》,唱的就是净慈寺的钟声。但是小朋友去净慈寺,主要是因为这里是“鞋儿破、帽儿破”的济公出家的地方。而特别要叽叽喳喳扎堆去看的一个景点,是一口井——运木井。

据说当年净慈寺被烧,济公就满世界去“众筹”建寺用的木头。在四川,济公想办法从一个乡绅那里筹了一百棵大树,走水路放进了钱塘江,却被关卡刁难说:“只有沉入水底的货物才不用交税。”(在法治社会,纳税光荣!)于是,济公把木头都沉入了水底。然后从净慈寺的这口古井里面,一根根捞了出来——捞到第九十九根时,不知道谁说了一句“够啦”，结果第一百根咋吊都吊不出来了，至今还留在井里呢！

为啥小朋友都很爱听这个故事？

因为你真的可以在井边往下看，然后在井里看到这根横在水下的木头啊！

反正我和我的同学们一直坚信我们是看到过的。

济公运木

70

《南屏晚钟》总给人一种只有听到这个音乐，新年才算真正开始的感觉。

不过只有杭州人才能听到真正的“南屏晚钟”，这钟声就来自净慈寺。而杭州人最爱的钟声，是要跨年的时候听的。这也不知道是哪一年开始的杭州习俗，每年12月31日晚上，净慈寺会在午夜敲响一百零八声南屏晚钟，用来辞旧迎新。

为什么是一百零八声？因为一年有十二个月，二十四个节气，七十二候，加起来正好是一百零八。这一百零八声，代表敲走烦恼获得喜乐安宁，也代表声声如意。

这天晚上杭州人很忙。西湖边最热闹的几个地方，挤满了年轻的潮男潮女，大家等着在午夜倒计时迎新年。

而在南山路上净慈寺这里同样人潮汹涌，一百零八记钟声一声声撞在大家心上，没有烟花，也很灿烂。

71

杭州人对于谦的喜爱发自内心。

当然不仅仅因为于谦铁骨铮铮，也不仅仅因为于谦写下的脍炙人口的《石灰吟》，而是因为，每年冬至，杭州人都会到于谦祠祈梦。

这是只有杭州人才有的冬至习俗。据说这个习俗始于于谦过世一百多年后的明朝万历年间(1573—1620)。传说当时浙江巡抚傅孟春在于谦祠借宿，梦见于大人向他“投诉”，不满意自己当时的谥号“肃愍”，结果第二年，万历皇帝果然改了于谦的谥号，改为“忠肃”。这么一来，大家就纷纷去于谦祠祈梦，甚至在祠里造了一个专门的“梦兆司”像，方便大家祈梦。

不过，据史载，那个时候，大家还是习惯每年八月里去祈梦。这里有个原因，于谦从小就是个“学霸”，所以读书人很信这个祈梦的说法。（反正又没坏处，万一实现了呢？）而浙江省一般乡试时间是农历八月，所以，八月来祈梦的最多。

那咋会演变成冬至夜祈梦呢？我觉得主要是因为冬至夜本来就有说法，这是一年中夜最长的一天，传说这天晚上做的梦会灵验，再加

在于谦祠祈梦

上于谦祠又有祈梦功能，二者合一，渐渐杭州人就很相信，冬至夜到于谦祠祈梦十分灵光了。

不过，于谦祠在三台山这里，冬至夜长，很冷，总觉得去那里露宿的话，会冷得睡不着呢！

72

2005 年，杭州的万松书院办了第一期父母相亲大会。

这事儿越搞越大，到 2008 年开春，万松书院当年第一场父母相亲会，来了两个国外的摄制组，日本的和德国的。

万松书院的父母相亲会是怎么开始的？据说，是一位姓杜的老人，因为二十九岁的女儿一直不太愿意主动相亲，他由此萌生了办父母相亲会之意。结果 2005 年 6 月 18 日，他办的第一场父母相亲会，一下子来了三百多个人，家长们还要求，举办这类活动能不能成为常态。

就这样，万松书院来了越来越多为儿女相亲的父母。

也有社会学者对这件事进行研究。理论木佬佬（杭州方言，非常多），争议也很多。

我觉得对这件事解释最到位的是这么一种说法：老年人也需要社交的呀！这个，就是一种永远不会缺少共同语言的社交嘛！

有道理。

73

说起来，万松书院的历史真是悠久，从唐代就开始了。王阳明还曾经在这里讲学。随园诗人袁枚也曾在这里就读，康熙、乾隆南巡的时候，都为它赐过匾。

谁能想到普罗大众听到万松书院四个大字，直接想到的就是梁山伯和祝英台呢？可见小说戏曲才是广大人民喜闻乐见的，有传播度，有生命力。

结果新时代的杭州人再听到万松书院，已经不是梁祝，而是相亲大会了。

也没错，爱情就是具有这样神秘的力量。

74

一直到雷峰塔重建那年，我才对“雷峰塔在杭州”这件事有了实打实的认知。

这真的不怪我啊，我一直觉得雷峰塔就是传说，法海躲进螃蟹盖子里这件事更让我觉得亲切，因为每年秋天都会想起无数次。

2000年，雷峰塔宣布重建，杭州人感慨万千（总觉得很多人和我的想法是一样的），大家一边温习白娘子的故事，一边跟着媒体一步步地探访遗址。到2001年春天，考古专家们终于挖到了在地下埋了千年的雷峰塔地宫。

打开地宫这事儿，电视台进行了直播。这是当年的考古大新闻，全国的媒体都赶来报道。

但被杭州人津津乐道的小道消息却是，当年地宫打开时，跑出了一条白蛇！

而故事的另一个版本是，确实有不寻常，不过不是在地宫，而是打开地宫内铁函的时候，里面有条白色的蜈蚣。

杭州人才不管呢，他们更愿意相信那就是白娘子的化身。

雷峰夕照

75

白娘子是西湖永远的代言人。

她太红了，以至于西湖边出现了一种新的周边商品：里面嵌着白娘子画像的棒棒糖。这款棒棒糖叫“解救白娘子”，要把白娘子解救出来，只能吃完糖啦。

这种糖卖得很好。大家很乐意解救一下白娘子。

同样卖得很好的还有那种小绸伞，应该也是托了白娘子的福，她和许仙有一个断桥相会送伞还伞的故事嘛。

说到断桥，很多外地游客会想知道为啥它叫断桥，明明不断啊！

“断桥不断，长桥不长”本来就是关于西湖的一句老话啊。西湖十景之一的“断桥残雪”，名气大归大，其实大家也没怎么看见过。夏天的时候，断桥边的荷花倒是开得特别美。

作为西湖著名的地标之一，假日里，断桥上全部都是“人人人人人人人人人”。

这里早就不许通车了，据说是因为实在不能再承受车子的压力，怕真的会断。

76

最喜欢断桥这里的黄昏。

不，简单来讲，西湖边的黄昏都很美，是一种特别具有烟火气的美。

断桥边有一个亭子，每天黄昏都有票友在那里唱戏，旁若无人地吊嗓子。一出戏唱完，围观的人轰然叫好，哪怕那些人也并不知道好在哪里。

很多人在这里停留，要拍照片。

北山路灯亮起来了，宝石山上灯亮起来了，白堤上灯亮起来了。

有一支在背包上挂着蓝牙小音箱的队伍经过，他们拿着小旗子，上面可能写着“某某毅行队”。小喇叭里高亢地来一句：“您已经走了，十——公——里！加油！”据说，自从“刷”西湖开始流行，广场舞大妈们就改每天“刷”西湖了，不变的是随身音箱里音乐还是《小苹果》。

我觉得《小苹果》和黄昏的西湖很搭。

77

杭州的桥里，除了断桥，西泠桥当算是最有名的一座桥——它和断桥之间，就隔了长长的白堤和孤山，是西湖景区里人口密度最高的所在。

西泠桥自南宋时始就是“网红”桥，属于游客必“打卡”的地点，比如明代张岱就在《西湖梦寻》里写过他的“打卡”经历。当然啦，一直到1921年，这个桥都是石阶桥，是某年筑环湖马路时才改成了斜坡桥面，以方便通车——你知道，人类一旦习惯汽车这一代步工具，就恨不得长在车轮上了。

78

西泠桥之所以那么红，主要是因为它的地理位置绝佳。

南宋周密在《武林旧事》中是这么给大家规划“一日游”路线的：“若游之次第，则先南而后北，至午则尽入西泠桥里湖，其外几无一舸矣。弁阳老人有词云：‘看画船尽入西泠，闲却半湖春色。’盖纪实也。”你看，这里被点名提到的就是西泠桥。周密还特别指出，午后，西湖上的船都通过西泠桥进到北里湖了。

说起来，也只有在北里湖，才能看见西泠桥桥身上的三个字——“西泠桥”。这三个字刻在桥身上，不是很明显，所以不太有人留意。

据说很多年前，这三个字里面是填过颜色的，但没人说得出是啥颜色。为了让游人能注意到这三个字（“打卡”的时候至少能一目了然啊），2019 年，西湖景区打算给这三个字填色。

填色之前，先在报纸上请杭州市民海选填什么色。大家给了很多意见：青荷色，显然是要搭荷花；落霞红，因为西泠桥为看落霞绝佳之处；选正红的也不少，觉得像“孤山”那样也很大气。

最后填的那个色，是石青色。

石青色的西泠桥，在等你来。

79

西泠桥是可以通车的，桥石栏板被车子撞断过好几次，杭州人都很扼腕。

桥边有个慕才亭，亭子里有墓。杭州人熟视无睹地经过，外地人如果有兴趣停留看看，可能会大惊小怪："哎哟，这是苏小小墓呢！"

一代名妓苏小小的传说一直流传在西湖边，在不同的历史记载中，她的墓都在西泠桥周边一带，有楹联为证："湖山此地曾埋玉，花月其人可铸金。"不过现在这个墓是杭州在2004年重建的，重建之前照例引发杭州市民热烈讨论，苏小小的故事也被拿出来一说再说，那阵子考据文章满天飞。

修好的苏小小墓是个大圆包，一点也不纤巧，可是因为墓顶造型

西泠桥与慕才亭

圆润，被赋予了一个新的传说：据说，把硬币放在墓顶，如果它没有滑下来，就可以求得好姻缘。单身姑娘们争先恐后，不晓得浪费了多少钱。

醒醒吧姑娘们，苏小小自己都没有好姻缘，为啥要保佑你们得好姻缘？

她有的，不过是这湖光山色。大概是因为这样，西泠桥上的夕阳，特别美。

80

和苏小小墓相隔五十米，有武松墓。

因为《水浒传》和《金瓶梅》，大家对武松的印象，多半还是以打虎英雄最为鲜明。《水浒传》里，武松最后也是在杭州出家终老的。但是在史书里，武松的故事是另一个模样。

据《临安县志》《西湖大观》《杭州府志》《浙江通志》等史籍记载，武松原来是一个在涌金门外卖艺的江湖人，杭州知府高权见他武艺高强，邀请他入府当了都头，又提拔成了提辖。后来高权得罪权贵被罢官，武松也受到了牵连，被赶出衙门。继任的新知府蔡鋆是个大奸臣，在任上干了很多坏事，被老百姓骂为“蔡虎”。武松对他恨之入骨，有一天就藏在蔡府门前，刺杀了蔡鋆，自己也因寡不敌众被官兵捕获，后惨死于狱中。当地“百姓深感其德，葬于杭州西泠桥畔”，后人立碑，题曰“宋义士武松之墓”。

20 世纪 20 年代，《西湖新志》编纂时，也曾明确记载西泠桥边有

“宋义士武松墓”。

但还有一种说法，最早的武松墓其实是在涌金门，后来才迁到西泠桥边，由上海滩流氓大亨黄金荣、张啸林、杜月笙三人出资，在原址上建造了墓碑。

现在的武松墓，和苏小小墓一样，是2004年重建的。

感觉挺微妙：侠骨柔情，西湖都一视同仁，同样以美景抚慰。

81

相较于京杭大运河来说，拱宸桥算得上年轻，才不到四百岁。

拱宸桥始建于明崇祯四年(1631)。它地处杭州城北，靠近当时的海关北新关，是大运河与杭州内河转运的关键节点，人烟稠密。刚建成时，它还是一座木桥，近四百年间经过三次大修，现在是杭州古桥中最高最长的石拱桥，九十八米长的桥，高度有十六米——这差不多有五层楼高了！所以从大运河上过来，远远望见它，就知道杭州快到了。大运河又是当时南来北往的交通要道。这么高大秀美的桥一修起来，可以想见大运河上，远远望见它的人们会有多惊叹！这座桥实在太有名了，以至于拱宸桥所在的一整片地区，都被人称为“拱宸桥”。所以杭州人说，他要去拱宸桥一趟，并不表示他真的要去桥上走走，只是大概指代去那片区域而已。

从某种意义上来说，如果说三潭印月代表了西湖，那么说杭州城的地标之一是拱宸桥，是完全没有问题的。所以杭州亚运会三小只吉祥物里，就有一只叫宸宸的，代表的就是拱宸桥和大运河，欢迎着四面八方的来宾。

82

拱宸桥为什么以“拱宸”为名？其中一个说法是，民间传说崇祯四年（1631）时修桥的人叫沈拱宸，所以桥名“拱宸”。不过这个说法只流传于民间，官方史料上记载的修桥人有好几个不同的名字，但其中独独没有拱宸。另一个更为广泛的说法是，宸，在古代指的是帝王居住的地方，拱则是拱手的意思（拱宸桥确实很像拱起的双手），拱宸桥是从大运河入杭的关口，表达着杭州对帝王的欢迎和敬意，但这个说法也有问题：这桥是1631年造的，被它唯一认真拱手相迎的皇帝乾隆，一百多年后才来。这一百多年间，拱宸桥倒有一半时间是坍塌的，坍塌的六十几年里，乾隆的爷爷康熙来杭州五次，都是在这塌掉的桥附近下的船，要是这桥名真的是为了欢迎皇帝，实在有点勉强，只能说，它代表了一种美好的寓意，另外，宸原本指北极星所在，一定意义上也可以指代北方，因此，拱宸桥这个名字可能就是指护卫着杭州城北的一座拱桥吧！

说起来在19世纪末20世纪初，要数杭州最热闹的地方，西湖边当然是一处，拱宸桥边也是极具烟火气的繁华所在。由于地处海关所在，船来船往生意非常火爆，拱宸桥一带各种商铺、客栈如雨后春笋一般涌现，甚至浙江省第一盏电灯，都是在拱宸桥西点亮的——1896年，在拱宸桥西，有个叫丁丙的杭州士绅与湖州的富商合资成立了一家缫丝厂。卓有远见的丁丙引进了当时最先进的直流发电设备，缫丝厂成了浙江省最早应用电力的场所,也拉开了杭州近代工业发展的序幕。现在,你还能在拱宸桥西找到这个厂的旧址。可以说,杭州的现代化,正是从拱宸桥边开始的。

83

大概是1996年,我第一次和友人寻到三生石时,那个地方还很荒凉。

过杭州灵隐寺前那块写着"咫尺西天"的照壁,往前行去,入天竺,道旁有清可见底的小溪。行不多远,便见路边有一座小石桥,过桥,由小路上山,石阶上杂草丛生,只五六分钟,三生石就到了。石头其实是不起眼的,只是上面镌了"三生石"三字,便成传奇了。就是经过的小山路上蜿蜒游动着好多蚯蚓似的虫子,叫人不快。

其实杭州这块三生石的传说,和爱情并不相干,讲的是两个男人之间的友情和因果。但更击中人心的,永远是爱情。中国著名的爱情——宝黛之恋,就是从三生石畔开始的。情侣们海誓山盟,不但图个地久天长,更希求三生三世。

要我说,三生三世太长,一辈子也不短,发誓的时候全心全意就已经难得。这一刻,才最值得珍惜。

话说回来,现在再去三生石,不用这么曲折了,那里已改成一个小公园,也没啥虫子了。

但还是和二十多年前一样少有人迹,大概情侣们更爱在微信朋友圈发誓吧。

84

三生石的故事，最早见于《太平广记》，说的是唐朝名士李源与洛阳惠林寺的圆观和尚的故事。一次两人出门同游，李源要走水路，圆观怎么也不愿意。李源却很坚持，圆观也只得长叹一声跟他走了。到得水边，遇到一个孕妇，圆观说："看吧，我说不要走水路的！这个孕妇肚子里怀着的就是来世的我，我一直避着她，所以三年了她还没生。现在遇到，只能罢了。"李源当然很后悔，圆观就安慰他说："这个也是缘分吧，十三年后的中秋之夜，我们就约在杭州天竺三寺外相见！"

十三年后，李源赶到杭州的天竺三寺，在一块石头边，等来等去，等到一个牧童骑牛而至，远远地对他唱道："三生石上旧精魂，赏月吟风莫要论。惭愧情人远相访，此身虽异性长存。"然后？就没有然后了。

据说李源靠着等的那块石头就是三生石。所谓三生，即前世、今生、后世。

这个故事告诉我们，当朋友不愿意做一件什么事情的时候，不要作。

85

杭州有山有水，亭子也多，各有各的美。

西湖上最美的亭子在一公园，叫集贤亭。亭子紧贴着水面，远望就像是从湖面上长出来的，晚上灯光一打，恍如仙宫。白天则要看剪影，清晨和黄昏最宜，因为亭子映着远山近水最美。夏天的时候，整座亭子都掩在荷花里，格外有风情。清代西湖十八景之一“亭湾骑射”，说的就是这个亭子。据说乾隆六下江南，每次都在这里阅兵，所以才叫“亭湾骑射”。至于为啥叫“集贤”，应该是因为这里曾是引湖水入城的闸口。这是西湖上唯一一座建在水面上的亭子，也是被游客拍照最多的亭子。

2012年9月某日，大风大雨，这亭子被整个吹倒，掉进了西湖，惊倒整城杭州人。还好几个月后又按原样重建回来了，这次特别加固，应该比较抗风了。

“刷”西湖经过这里，我都会停一会儿。哪怕看过无数次，心里还是会感慨：怎么会有这么美的亭子的啦！

86

在很早很早很早以前，杭州灵隐、天竺一带的群山，就叫武林山。所以，杭州的旧称就叫“武林”。到现在，武林门也是杭州市中心所在。

彼时的古人，应该想不到，多年以后人们再说起“武林”，想到的可不是这里的山水城郭，而是一个虚幻的像朋友圈一样的江湖。这个“朋友圈”的准入证是武功，大家吵架和将对方拉黑名单的代价也比较高，断手断脚都是有可能的。

那为啥要叫这个江湖为“武林”？据说，这还是20世纪30年代末的事。当时有个著名的武侠小说家宫白羽，他在《十二金钱镖》中首先创用了“武林”这个词，称赞一个名镖师的金钱镖“尤属武林一绝”云云。《十二金钱镖》的前传，还名为《武林争雄记》——可不是说在杭州打架的故事。后人考证，宫白羽创造出这个词，可能是受到了“儒林”一词的启示，又想和“绿林”区别。

因为宫白羽的武侠小说写得格外牛，他因此名声大噪，“武林”一词也就不胫而走，后来被各路武侠小说家拿来发扬光大，成了一个专有名词。

在购书网站上输入“武林”二字，可能跳出来的是一本《武林旧事》，可千万别当武侠小说买回家啊。这是七百多年前一个叫周密的人，在南宋灭亡之后，追忆似水年华，写下的杭州往事。

我检查过了，里面除了写皇帝表演射箭，没啥有关武术的内容。

87

杭州的山特别适合登高，因为杭州的山真的都不太高。

换个说法好了，杭州的山很友好。西湖三面环山一面城，它周围大部分的山都不高，十分亲切可爱，所以杭州人日常活动之一是登高，甚至每年元旦都有登高祈福的传统。不用刻意挑选，去龙门山当然有很好的意头，城隍山也不错，五云山风景尤佳，再不济，孤山大小也算个山啊。如果不好意思把爬只有约三十五米高的孤山当成爬山活动，宝石山是个不错的选择：高度约七十八米的宝石山，可是西湖边人气最高的山峰呢！

是的，你没看错，孤山只有约三十五米高，但你说孤山不算山，杭州人嘴上不说，心里是会感到隐隐不快的。毕竟人家也是占了个山名的呀对不对？说起来，孤山其实更像一个岛，它孤零零地立在湖心，但因为白堤和西泠桥把它和北山路连在了一起，所以杭州人有“孤山不孤”的说法。孤山是西湖周遭景点最密集之所在，说它一步一景也不为过，林和靖在这里隐居，乾隆皇帝在这里造了行宫，西泠印社就在孤山上，还有平湖秋月、西泠桥和白堤的桃红柳绿……春桃夏荷秋桂冬梅，一年四季，孤山从不冷清。不过去孤山，确实不太好说是去爬山，只能算是去散步。现在的孤山，是西湖边鸳鸯最爱的地方：在浙江省博物馆对面，平湖秋月边上有一片小鸳鸯最爱的聚集地，去散步的时候，可以悄悄去探访一下。

88

西湖景区有三怪：断桥不断，长桥不长，孤山不孤。

断桥不断很好理解，不但不断，到了节假日更是密密麻麻挤满了人。长桥则在南山路一带，夕阳时分最美，几乎是西湖上最接近水面的九曲桥，尽管九曲十八弯，但也确实不算长。为啥叫长桥？因为传说梁山伯与祝英台就在这里十八相送，一座九曲桥来回走了十八遍，所以人们就管这里叫“长桥”了。

长桥和断桥的故事全和爱情相关。可惜，中国古代的爱情故事里，结局美好的不多。不像西方童话里，结局都会停在“王子与公主从此幸福地生活在一起”。东方爱情故事后半段一般都会变成生活里的一地鸡毛。而梁祝连“一地鸡毛”这个成就都没达成，只能化蝶求个来生有缘。可能这也算是件好事，毕竟永远只记得爱情的好了。

我认识好多文艺青年，记忆里都有深夜背着啤酒在孤山上喝的镜头。

可能一是因为交通方便，二是因为山比较好爬。另外，“孤山”两个字，总有一种特立独行的浪漫吧——尽管杭州人会特意告诉你，孤山不孤！因为孤山虽然像一个岛，却是被白堤缀在湖里的，完全不孤独。

最被文艺青年们喜欢的喝酒好去处，是孤山背面面对着宝石山的放鹤亭这里。我小时候去这里，顶喜欢的倒不是放鹤亭——没有小朋友会对什么梅妻鹤子的隐士有兴趣的。我们喜欢的是再往前跑几步，有一个六角石亭，叫云亭。站在这附近向对面的葛岭大呼一声，可以听到山谷中传来的回声。据说，这是因为这里正对葛岭的山谷，中间又是空旷的湖面，所以形成了“空谷传声”。

长桥不长

小朋友特别喜欢这样有互动的景点，大家站在水边，对着湖面大喊——多半是自己的名字，因为也不好意思喊真正喜欢的人的名字啊，如果有喜欢的人的话……

真有回声，不过要很仔细地听。

就好像，西湖也在喊你的名字呢。

89

要开始谈恋爱以后，才会对放鹤亭有别样的情感。

如果失恋的话，简直一定要到这里来掬一把伤心泪。号称梅妻鹤子、终身不娶的宋人林和靖死后就葬在此处，他种下的梅花成就了西湖一景，而他养的两只鹤，据说在墓前悲鸣数日而死。林和靖大概代表了中国古代的隐士文化：才高八斗的失意诗人，种梅养鹤，洁身自好，最妙的是他隐在北宋年间繁华的杭州城里，却能在西湖水上寻到最美最安静的地方，湖光山色，梅影鹤鸣，实在令人向往。

林和靖终身未娶，却留下了一首深情的词：

> 吴山青，越山青。两岸青山相对迎，谁知离别情？
>
> 君泪盈，妾泪盈。罗带同心结未成，江边潮已平。

这首词真的会让钱塘江边大部分失恋的人潸然泪下。林和靖之所以终身未娶，大约就是因为没有娶到想娶的那个人吧？

啊，对了，林和靖是有后人的。因为史料记载，林和靖生前曾过继兄弟之子，也就是侄儿成了他的养子。

后来，他养子的后人林净因，在1349年东渡日本了。比起他的先祖林和靖，他在日本也有自己的知名度——他是把中国的馒头传进日本的人，被奉为日本的和果子始祖。

嗯，隐士如林和靖，若知道这消息，应该也是会高兴的吧。

90

五云山之所以叫五云山，据传是因为山顶时时有五色祥云。

现在上五云山的路修得很好，比较常规的路线是从云栖竹径上去。首先要路过一个亭子，叫“洗心亭”。浮躁的城里人顿时觉得有点意思，即便很长一段时间里洗心亭后面那个池子里的水看起来没那么干净，都觉得必须深呼吸一口再往上走，好像真的可以洗一把心似的。

不过，我上大学的时候，都是从九溪这里上山的。

西湖可供普通游人攀爬的山都不会太高，上山的台阶曲折蜿蜒，带我上山的学长信誓旦旦地告诉我，这一路上去，可以在石阶上找到四朵石刻的云，山顶真迹寺里还有一朵，如果五朵都找到了，那好运自然来。

我好像真的找到过一两次，每次都很惊喜，但绝没有找齐五朵过。本来嘛，从九溪附近上五云山，山路要难走一点，间或路有小小损毁，需要与学长牵手前行，风景又美，谁耐烦只看脚底？

91

西湖十景里，除了宝石流霞，还有一景与山有关：双峰插云。这双峰，分别指的是西湖边的两座“高”山：南高峰和北高峰。这个景致在南宋时就广为人知，据说当年这两座西湖边的高峰上都建有高塔，将雨未雨的时候自湖上看去，两座山峰上塔尖入云，一南一北对峙，若隐若现恍似仙宫，是以成为西湖一景，甚至被乾隆“抄”进了圆明园，他在那里也仿了一个“双峰插云”。

爱山爱水的古人们对这两座山都很喜欢，其中北高峰因为山脚下就是灵隐，更为人们所关注，连苏东坡也特地写诗赞美过北高峰“云海浩茫茫”。事实上不管南高峰还是北高峰都不是西湖边上最高的山，南高峰高约二百五十七米，和钱江新城来福士的双子塔差不多高。北高峰高一点，有三百多米高，对杭州的山来说已经算高个子了，所以北高峰是有缆车可以上山的！山顶有个财神庙，香火可以说是十分旺盛了。

说到这个，杭州人过中秋节的节日礼品中专门有一大类是寺庙里出品的月饼。这几年，灵隐寺和财神庙的月饼都很受欢迎，也是送礼佳品呢。

92

年初五，迎财神。为啥呢？因为据说财神是年初五过生日啊。

杭州人讲究，要去北高峰上的财神庙迎财神。这个财神庙，据说相当灵，虽然我没有听到过什么具体案例，但是至少古往今来，许多名人都来过此地。其中一个比较有趣的，是江南四大才子之一的徐文长，他登山游寺，大为感叹，留下了一幅墨宝“天下第一财神庙”。这块匾，至今挂在庙里。

北高峰算是西湖边比较高的小山，很早就修了缆车供游客使用。不过年初五，大家还是愿意自己爬上山去，这样显得比较心诚。

本来嘛，过年登高就是一项吉祥运动——登高，年年高嘛。

93

乾隆皇帝是很爱江南的，在江南留下了无数墨宝、传奇，还有据说可能和他有关的食物故事。

其中，有一个地方不得不说，就是六和塔。

乾隆下江南，游了两次六和塔，留下了好多诗啊赋啊游记啊什么的，并且题了很多字：除了在塔前牌坊上写了“净宇江天”，从塔的一到七层，都分别题了四字匾额！是分别哦！等于从下到上每一层，乾隆皇帝都很不矜持地留下了“到此一游”的印记，也难怪金庸在《书剑恩仇录》里会设计一段乾隆被关在六和塔的情节，毕竟从乾隆的表现来看，六和塔是他的真爱了。

也是因为此，这座千年古塔在乾隆时代那真是香火极盛，天天人声鼎沸，算是塔史上必须浓墨重彩书写的盛大时期了。

94

月轮山上的六和塔，是钱塘江畔的名塔，中国现存最完好的砖木结构古塔之一。

史载这座塔初建于北宋开宝三年(970),建塔主要是为了镇压钱塘江的江潮,初建的时候就有九层,高五十多丈——此处我是存疑的。北宋年间,一丈就已经差不多等于三米了,五十多丈得有一百五十米高,搁现代相当于四五十层楼了！当然,张飞还能挥个一丈八寸的丈八蛇矛呢,塔高五十多丈,那就五十多丈吧！

总之,这座塔既坐落在山上,又这么高,在当时看来真的是个庞然大物,确乎有一种能镇住钱江潮的将军风范。

可惜的是,这座塔在建成约五十年后就毁于战火。到了南宋绍兴年间(1131—1162),钱塘江潮水肆虐,高宗赵构觉得是因为六和塔毁了没能镇住龙王,所以要有关部门出预算,打算重建六和塔。这个时候,有一个叫智昙的僧人挺身而出,拍着胸脯表示他来搞定这座塔的“众筹”项目。于是在他的主持下,花了十年,集无数民众之力,建成了一座新塔。不知道是因为资金实在不够呢,还是因为工匠技能有所失传,新塔要比老塔小一点,只有七层,肯定不好意思说有五十多丈了,高约五十九米。依塔而建的六和寺,第一任住持就是智昙。

在后来漫长的历史里,钱塘江潮起潮落,这座塔破败过,因为战火损毁过,也数次被重修重建。如今它依然站在月轮山上,默默看守着这一江潮水。

95

其实,钱塘江观潮最好的地点并不是六和塔。但一是这里离市区近，二是真的久负盛名，所以历来大家都喜欢把观潮和六和塔联系在一起。而且六和塔所在地月轮山脚下的江堤，的确是一个不错的观潮之地——潮水最大时真能拍上堤岸，甚至拍到马路上！

六和塔与潮水最有名的一个关联点，来自《水浒传》。苏州施耐庵据说是在钱塘做过两年官的，所以对这一带的地理环境很熟悉，反映在书里，就是书里写的“杭州六和寺”。六和寺在《水浒传》后期是很重要的地点。梁山好汉们南征方腊后，施耐庵安排宋江带队把兵马驻扎在六和塔外的寺庙内，后来鲁智深在六和寺坐化，林冲在六和寺病死，武松在六和寺出家……可以说戏份很多了。

钱江潮与六和塔

其中，鲁智深坐化这个故事，就和潮水有关。说是他有天晚上在六和寺，忽然听到了震耳欲聋的战鼓声，立刻打算起身迎战。结果僧人告诉他这不是战鼓声，而是钱江潮信，于是他想起以前出家时师父说过"听潮而圆，见信而寂"的偈语，觉得这是宿命，便坐化了。

《水浒传》里大量的地点与人物，在历史上都是有迹可循的，包括鲁智深在六和寺坐化后，施耐庵还派径山寺的住持前来料理后事，可以说在细节上很考究了。问题在于，按时间线来说，恰恰是在方腊起义时期，六和寺和六和塔都毁于战火，而且毁坏得彻底。

也就是说，宋江带弟兄们打完方腊来到钱塘江边，其实只能驻扎在废墟上啦。

96

即便是杭州人，也很少有去过改造之前的西溪湿地的。要一直到2005年国庆小长假，西溪湿地公园第一期开张，很多杭州人才知道，在城西有这样一个去处。

我就很幸运，在西溪湿地改造之前，朋友带我去了一趟。我们在当地渔民那里租了一条小船，荡入了西溪湿地深处。给我留下无比深刻印象的，是西溪湿地深处被纵横的水道隔开的一个个小岛。我忘了那是个什么季节，只记得岛上有整片茂盛的绿草：那草一直高到我们的膝盖，整片蔓延到天边。作为一个"无知"的城里人，我觉得这种草地是绝对不可以践踏的。但是正在船里摆餐桌的渔民笑眯眯地说："没关系没关系，随便踩！"

这是我记忆中绝无仅有的一次经历。水道，渔船，草地上的奔跑，还有船里摆开的小饭桌。中午的时候，船老板的家人摇了另一条船送饭过来……

也难怪西溪湿地一开放，游客就蜂拥而至了。这里成为中国第一个也是唯一一个集城市湿地、农耕湿地、文化湿地于一体的国家湿地公园。不过，后来再让西溪湿地名扬天下的，却是一部电影。

西溪湿地

97

2008年，西溪湿地迎来了一批特殊的客人——《非诚勿扰》剧组人员。勘了几次景后，就选择西溪湿地作为贺岁片《非诚勿扰》的外景地之一。

于是，在《非诚勿扰》里，葛优在西溪的一条小木船上，说了一句在西溪湿地公园一直"单曲循环"的话——"西溪且留下"。

这句话成为西溪湿地的官方宣言，是西溪最成功的一次公关。

这句话当然大有来历。西溪可不是一个"没有故事的女同学"啊。它只是在漫长的岁月里渐渐被人忘记了而已，一旦被想起，就重新光芒四射。

"西溪且留下"这句话，据说来自宋高宗赵构。建炎元年(1127)的冬天，宋高宗赵构从南京一路逃到了杭州，原本是打算歇歇脚的，没想到冬日夕阳下西溪湿地的芦花飞雪让"艺术家"赵构在逃亡途中一见钟情，说出了那句千古名言——"西溪且留下"。

所以，南宋最后留在了杭州，是因为西溪？

至今，那附近还有一个地名叫"留下"。

98

和西溪有关的名人，其实很多。

不过，今时今日，说到西溪能让人瞬间想起的，除了葛优，另一个就是马云。

马云把阿里巴巴园区建在西溪湿地附近时,这里对杭州人来说还是很遥远的地方,现在已经有自成一格的热闹了。最新被人们追逐的景点,已经不是西溪湿地的春花和秋柿,而是附近的亲橙里——这其实是阿里巴巴的一个商业体。

甚至有旅行社开通了小型旅游线路,围绕杭州那些有高科技体验感的区域展开:无人便利店、盒马鲜生……最新的热点是阿里旗下的未来酒店。据说这个酒店可以刷脸入住,有机器人送餐,房中一切都可以声控。

99

孤山公园北边的大草坪上,有一组外地游客不太关注的雕塑——《海娃放羊》。

嗯,再通俗点讲,就是电影《鸡毛信》里的一幕啦!其实那块大草坪上,在很多很多年前,放置的是一组优美的梅花鹿雕塑。到20世纪60年代,出于种种原因,换成了现在的"鸡毛信"。时至今日,偶尔还会有人建议说,要恢复"鹿苑"的优美,拿掉与西湖格格不入的抗日小英雄海娃……

其实,灵动的梅花鹿当然和西湖相得益彰,可是小英雄海娃和他的那群羊,散落在孤山公园的大草坪里,是多少杭州人的儿时记忆啊。因为这是杭州人小学时的春游首选之地,这些可攀爬的与自然和人都零距离的雕塑,是无数儿童的玩伴。当然,如果刚好那年学了《鸡毛信》的课文,不免要去找找最大的那只羊,摸摸它的大尾巴里到底有没有一封鸡毛信……

100

在数码相机普及以前，西湖边有很多照相点，既有固定的，也有流动的。

来名满天下的西湖，当然要留影，是以杭州的照相馆行业一直相当蓬勃，也开发得很早，大约在清光绪年间（1875—1908），就已经有好几家名声在外的照相馆了。

一百年前的照相馆，起名雅致，绝不可能是什么“佳丽”啦，“百合”啦。杭州最早的一间照相馆，开在城隍山上，叫“月镜轩”。顾名思义，取的是“镜花水月”之意。还有一家则直接取个“镜花缘”的名字，反正离不开镜和影。但当年名气最大的一家，挂的招牌就相当有意境了，叫“二我轩”。

开在涌金门外的二我轩，是杭州最早使用“电光照”技术的照相馆，专门从事人像拍摄。“二我”，意思是现实与照片里的自己，通过摄影对话，当然比“镜花水月”有趣多了。据说，孙中山、秋瑾都曾来二我轩留影，当时民间结婚，也以去二我轩拍结婚照为荣。

不过，关于二我轩的名字，还有一种寓意。据说二我轩的后期处理技术是很牛的，独门秘技是用同一张底片两次曝光，使得同一张照片上会有两个人影——也就是会有两个“我”！对当时的人来说，这也太神奇了吧！但更神奇的是，当时的二我轩，给这种照片起了个名字叫“不求人”。

啊，这个名字就让我百思不得其解了，意思是这种照片，自己也能拍出大合影的效果，不必求别人吗？

101

事实上，二我轩留存至今最具纪念意义的相片，倒不是人像，而是一本《西湖风景》的照相册，里面有四十八幅一百多年前的西湖风景照。这套照片在一百多年前就得过很多金奖，最高荣誉来自 1915 年的巴拿马万国博览会，获当年的金奖。

有意思的是，一百多年后，世人拿着当时的照片，重新去西湖边拍摄了一组风景照，居然有很多照片能完美重合。特别是里西湖一带，旧照片和新风光几乎无缝对接。

至于二我轩，已经退出江湖久矣。后来西湖边有一家“二我也”，“轩”改成“也”，添了多少烟火气，招牌大字倒依然写得气宇轩昂。

然而也都消散了。

毕竟在美颜相机盛行的当下，很多人需要的不是第二个我，而是美化后的另一个我啦！

102

天下梅花两朵半，严州是半朵。

这句读起来一点不顺口的话，梅城人可是挂在嘴边的。不过，这半朵梅花指的可不是花，而是一段城墙。这段城墙太有名了，以至于严州府城被雅称为梅城，到 1938 年，梅城更是被确定为建德的正式地名。

这段城墙，就在新安江、兰江、富春江的三江交汇处，城垛被设计成半朵梅花之形，梅城也因之闻名。

为啥是半朵梅花，不是一朵？因为据传只有京城城墙的城垛才能砌成梅花形，比如南京、北京的城墙就是梅花形的——城墙上专供士兵做掩体的城垛，比普通城墙的单个方块要高出两层，五角三孔，形似梅花。而严州呢，要比北京和南京的低一层，算是砌了半朵，是个凸字状。无论如何，这都是一种极大的荣耀，严州城也因此被称为“半朵梅花城”。

从现有史料记载来看，梅花城的形制是明初开始有的，确实只有南京和北京有这种样子的梅花城，其他地方统统没有。那为啥严州能有半朵？有个说法，这与当时的建城者李文忠有关。

李文忠是朱元璋的外甥，为朱元璋的皇帝事业立下了汗马功劳。他二十岁的时候就带兵打下了建德，并且把这里当作自己的据点。他在自己的封地，能享受到半朵梅花的待遇，这个逻辑还是能说通的。

103

杭州有个武林广场，以前叫红太阳广场。

广场上有一个喷泉，叫“八少女”。

对杭州人来说，这个地方曾经就是世界的中心。“八少女”喷泉刚刚造好的时候，整个杭州都轰动了，大家都拖家带口赶去看喷泉，简直是万人空巷的景象（是的，“杭儿风”就是这样的）。

我记得我当年住在皮市巷，现在看看从皮市巷到武林广场真是散个步的距离，但当时不知道为什么，要全家出动，就是一件隆重的事。

爸爸借了一辆三轮车，带我和妹妹还有外婆去武林广场看喷泉。

关于这整件事，我记得最清楚的其实并不是“八少女”，而是我当时穿的一件条纹衬衫。

那件衬衫是爸爸的一个朋友从深圳沙头角带来的，有一个简直像披肩那么大的白色镶花边的领子。

我坐在敞篷三轮车上，披着那个来自沙头角带着香港味儿的大领子，感觉所有人都在看我。

那个时候，还是一个瘦子的我，并不知道这个世界上还有个词叫“拉风”。

反正我人生的时髦值在那一刻达到了顶点。

104

“八少女”喷泉关停了很久，武林广场一直在改造。

等到终于要开放的时候，全杭州再次沸腾了。

正式开放的第一天，还没到时间，喷水池边已经站了很多人。

我和好朋友“蚂蚁”也去凑热闹，就在花坛边坐下来，听身边的大伯告诉我们接下来这里会有多美。

那一阵，大伯已经骑着“小电驴”看过整个杭州的各种灯光秀，对接下来会出演的情况了如指掌。

那么为什么还要来看呢？

"咦,我又没事!"他说。接着他用鄙视的目光看了一下我们手里的 iPhone。

"我告诉你们,"大伯说,"你们屏幕太小,拍不好的。像我,我就带 iPad,拍起来很大的!"

一会儿,喷泉表演开始,大伯骄傲地站起来,举起了他的 iPad 拍照片。

105

如果你的相册里,没有和"八少女"喷泉的合影照片,要么你太年轻,要么你不是杭州人。

但是杭州人好像并不会在刻着"杭州西湖"的石碑前拍照片呢。

106

如果说"八少女"喷泉是杭州人心头的朱砂痣,轻易不会与别人分享却始终默默放在心头爱,那么西湖音乐喷泉就是杭州人很愿意让给外地人的景点了。

所以除非是正好路过,杭州人是不会特地去湖滨看西湖音乐喷泉的!重点是,即便正好路过,你可能也看不到,因为人太多了,永远里三层外三层,正好路过的你,只能远远地看到灯光随着音乐变幻,偶尔会有水柱冲上天际,这个时候音乐声就会被人群的欢呼声替代。

但如果你有幸挤到了前三排,以西湖为背景的音乐喷泉还是很美的。

这个时候我就要向你推荐另一个音乐喷泉了:钱江新城城市阳台这里的音乐喷泉。因为它在一个喷泉池里,因此可以三百六十度环绕站人,傍晚,配着钱江新城的灯光秀,这个音乐喷泉也十分值得一看。

顺便说一句,钱江新城的音乐喷泉完全可以在傍晚散步时偶然路过。驻足旁观的时候,尽管耳边音乐声、欢呼声、小孩子的吵闹声不断,却莫名地会让你有一种"岁月静好"的感觉。

这个时候你心底会随音乐浮起一句诗:"蝉噪林逾静,鸟鸣山更幽。"

107

中国美术学院创建于1928年,是中国第一所综合性的国立高等艺术学府。

南山路上的中国美院,是个很美的地方。不过,如果你去过中国美院的象山校区,更会一秒爱上。

2012年,王澍获得了全球建筑界的"诺贝尔奖"——普利兹克建筑奖。他的代表作正是中国美院的象山校区。所以,如果你对建筑有兴趣,象山校区是一定要去"打卡"的。王澍在设计象山校区的时候,从各地的拆房现场收集了七百万块不同年代的旧砖瓦,铺陈在校区的墙面和屋顶上。所以即便是刚刚落成的时候,校区的主建筑也会有一种岁月的"包浆感"。他甚至在校园里留了油菜花地,以至于有好几年时间,"去象山校区看油菜花"是杭州人的赏花盛事之一。

至于我,则最爱象山校区里主建筑上的绿墙。

初夏时分，整个建筑都被覆在爬山虎下面，那一面高大的绿墙如梦似幻。

对了，应该在初夏时去，学生的毕业展就是那个时候开的，去看看未来大师们的奇思妙想吧。

108

贾宝玉为了林黛玉的审美，特地保留一池残荷以便她能听得雨声。

而杭州市城管委，也会为了杭州市民的审美，在秋天的时候宣布：有十五条马路在白天的时候，不扫落叶。

其实杭州对大街小巷的整洁度要求是蛮高的，每条路每天都要清扫两遍，落叶更是属于不应该长时间在路面停留的东西。但架不住经常有市民提意见，说："秋天的落叶这么美，为什么要扫掉?!"

好吧，提意见的人多了，杭州市就挑了最美的十五条路，白天"不扫落叶"，以便留住秋天的美。

说是不扫落叶，并不是不扫街面，不但没有减轻工作量，还加重了——因为原来是垃圾全部扫掉，现在落叶不能扫，其他垃圾还是要清理的。

然后到了晚上，再统一清理一遍，以便第二天，落叶能飘到干净的街道上，那样才比较美。

贾宝玉用一池残荷彰显对林黛玉的爱，而杭州用十五条不扫落叶的美丽街道，向她的市民们告白。

109

其实，最早打上落叶主意的，是中国美院南山校区的学生。

中国美院南山校区就在南山路上，而南山路上种满了法国梧桐，每年深秋，清洁工扫落叶，都是以堆计的。2012年，学生们忽发奇想，要用落叶来做雕塑放在学校门口，这传统就这么开始了。之后的每一年，他们都会把落叶做成巨大的雕塑，匹诺曹、鱼、金字塔……

2015年做的那个，格外轰动。因为他们用落叶搭了一个六米多高的“人”，里面还装了灯，晚上会发光。

那些特地前去“打卡”合影发朋友圈的人，可能并不知道，这个雕塑的主题叫“路上的行人”，就是想提醒步履匆忙的行人们，偶尔也要停下来，看看风景。

110

杭州市为杭州人特地挑出来不扫落叶的十五条街里，最没有争议的，就是北山路。

北山路大概是杭州最有故事的路之一，一边是湖，一边依山建有许多美丽的老房子，名字讲来都自带柔光：秋水山庄，菩提精舍，春润庐，坚匏别墅……每一个都有故事，每一处都曾星光闪耀。

但这并不是人人都爱北山路的理由。从某种意义上来说，北山路连上白堤后半段，是离西湖最近的一段可以有机动车通行的路。第一次来杭州的游客可能会惊叹于这种情形：车子停下来推门就是西湖，真是没有一点点防备，湖水就扑面而来。

神奇的是，这样的情形一点不影响这条路的优雅。即便是坐在冷冰冰的车里，也觉得这条路是那么温柔。

111

北山路最美的风景，要在秋天开始落叶后，到西湖对岸才能寻到。

北山路的对岸，是孤山后麓，坐在放鹤亭下回声亭处，正好可以眺望北山路的秋色。北山路上种得最多的是法国梧桐，而梧桐树叶，是秋天最早开始变黄飘落的，是以一入秋，北山路就渐渐黄了。

从对岸看过来，隔一湖秋水，半湖残荷，看着北山路上的法国梧桐，有一瞬间，你会想起范仲淹发的那条被点赞过无数次的“微博”：“碧云天，黄叶地，秋色连波，波上寒烟翠。”

杭州，是从北山路走进秋天的。

112

杭州城市越大，西湖就越像一颗明珠——不是因为它越来越亮，而是在城市版图里，它越来越小了。

除了西湖，杭州人渐渐也爱上了萧山的湘湖。相比精致的西湖，湘湖自有一种大气的野趣，生机盎然。特别是湘湖的环湖绿道——全长约七点六千米的绿道，适合骑车跑步。

而最让杭州人心生欢喜的，是湘湖边的大草坪。这可能是杭州最亲切的大草坪了，天气好的时候，总能看到好多顶帐篷。孩子们在草坪上嬉戏，有人带了音箱在放音乐。

湘湖的美，是奔跑着的。

113

时人想起富阳，脑海中浮现的多半是《富春山居图》。可是在一千多年前，富阳纸才是真正的“超级大IP”（IP，即知识产权）。

富阳纸的主要原料是这一带盛产的竹子，传统古法造纸工艺里，一张纸从砍竹子开始，到杀青发酵，做成纸浆，再捞、晒、切，最后成形，要十个月时间。这个技艺自创始流传至今，已经有一千九百多年，到宋代的时候，富阳竹纸就已经是朝廷指定用来写奏章以及科考的首选用纸——用一句微信朋友圈“鸡汤”来说：“不是每一张富阳纸都能遇到它的状元，但每一个状元必定都用过富阳纸！”以至于到了清代的时候，因为需求量太大，市面上出现了假冒伪劣产品。为了防伪，当时的纸厂会在出厂的纸张上印上暗记，并夹送一张防伪通告，通告里会写清这一叠纸是哪里产的，用了哪里的竹子，在纸上印了啥暗记……双重防伪，用心良苦。

富阳造纸业因此也相当发达。到20世纪70年代初，匠人们仍然在推陈出新，研发出了新的书画纸，一时风行天下。

可惜的是，富阳纸里最讲究的元书纸，造纸的工艺渐渐乏人问津——用十个月的时间期待一张纸的诞生，对现代人来说，也实在太奢侈了。

114

讲到富阳纸，还有一个小故事。

说的是有一天，大学士董诰和乾隆皇帝一起吃饭（是的，哪儿哪儿都有乾隆，他真的很忙）。席间，另一名大臣把汤洒了，一下子擦不干净，这可是御前失仪啊，他急得满头大汗。说时迟那时快，坐在皇帝边上的大学士董诰从袖内抽出一张纸，轻轻一抹，就把油汤擦得干干净净。

乾隆于是很赞赏这张纸的吸水能力，就问董诰："此为何物？"

董诰不慌不忙地说："这是臣家乡用稻草做的坑边纸。"

董诰的故乡，就是富阳。他用的坑边纸，是富阳的另一种纸：草纸。有别于竹纸，富阳的手工草纸也很有名。当然啦，我觉得主要还是富阳人真的会做生意，连张草纸都试图请皇帝这种"顶级流量"来做代言人。

也是没错，从此富阳坑边纸就一炮而红了。据说清末，当红艺人卸妆，那是指定要用一级坑边纸的，因为它吸水性好，柔软不伤皮肤，就相当于如今顶级的纸巾吧。

一般人当然用不起这么好的坑边纸，但"富阳茅纸"却是必需品，20 世纪七八十年代，富阳人去上海走亲戚还会带上几刀做伴手礼呢！

115

隶属大杭州范围的建德，一直是杭州人消夏的好去处，新安江的风景，也始终受杭州摄影爱好者们追捧。

在新安江上，一直有“九姓渔民”的民俗表演，表演重头戏之一，就是九姓渔民的婚礼。

就是这么一场婚礼秀，却上演了一个真实的爱情故事。婚礼秀的兼职男主角在表演时对兼职女主角一见钟情，他们在江上表演了一百场婚礼，由此相识相知相爱。2017 年底，他们决定让自己表演的第一百零一场婚礼成为真正的婚礼。

这真是浪漫的一对，毕竟他们未来还有很多场婚礼，观礼的人虽然每次都不一样，牵起手的对象却永远都是同一个。

116

杭州史上有好几任相当有名的父母官，最有名的莫过于苏东坡和白居易。

杭州最有名的两道“风景线”，一道是苏堤，一道是白堤，正与这两位父母官有关。不过，成因倒有不同。

苏堤踏踏实实的，是由苏东坡在杭州任知州时，疏浚西湖，利用湖底的淤泥构筑，再经历岁月演变而成的。杭州人为了纪念苏东坡，把它命名为苏堤。“苏堤春晓”在南宋时就已经是西湖十景之首了。到了元代，这“六桥烟柳”被列入钱塘十景，可见人们是有多喜爱它。

而白堤则是早在唐朝时，为了蓄湖水灌溉农田兴建的，后世人们以为这是白居易主持修筑的，就叫它为白堤。其实不是啦，白居易在杭州主持工作时，倒是在旧日钱塘门外的石函桥附近修了一条堤，叫白公堤，现在已经不存在了。

不过无论如何，人们还是愿意把这两条堤，分别与苏东坡和白居易联系在一起。西湖啊，本来就是由诗词荡漾而成的啊。

苏堤春晓

117

白居易在杭州主持工作时，确实花了大量时间来解决杭州人的用水问题。一方面,他发现有六口古井年久失修,就主持疏浚六井。另一方面,他着力于利用湖水有效灌溉农田,舒缓旱灾造成的危害。

他在离开杭州前,特地写下了一篇《钱塘湖石记》,将他的工作经验,甚至包括放湖水灌溉农田的流程都做了梳理,刻在石头上,放在湖边,供后人知晓。

他在文章最后这么写:"予在郡三年,仍岁逢旱,湖之利害,尽究其由。恐来者要知,故书于石。欲读者易晓,故不文其言。"

可见白老先生确实比较热爱大白话。用现在的话来讲,就是接地气,贴近生活。

118

作为唐代大诗人,白居易来杭州主持工作,当然也一定要做做与诗人身份相符合的事情。比如游游山玩玩水、闻闻香写写诗,因为他可以说是真的很热爱杭州了!

为啥呢?因为杭州是他少年时代的梦想啊!

在白居易十四五岁的时候,他父亲在江南做官,他也随着下江南,旅居在苏杭。那时,苏州刺史是韦应物,杭州刺史是房孺复,用白居易的话来说,这两个人,"皆豪人也"。

这两个人对白居易影响非常大,怎么讲?白居易离开杭州,短暂到了洛阳,又立刻去苏州赴职,感慨万千,写了一篇《吴郡诗石记》,记录自己的心情。他写道:"……韦嗜诗,房嗜酒,每与宾友一醉一咏,其风流雅韵,多播于吴中,或目韦、房为诗酒仙,时予始年十四五,旅二郡，以幼贱不得与游宴，尤觉其才调高而郡守尊。以当时心，言异日苏、杭苟获一郡，足矣。”

当时十四五岁的小白居易，没办法和心中的偶像把臂同游，但内心存下了一个梦想：长大后，要是我也能在苏州或者杭州当个领导就好了！

梦想是有念力的，十四五岁的白居易也想不到，三十多年后，他先来杭州，再去苏州，“既醉于彼，又吟于此。酣歌狂什，亦往往在人口中，则苏、杭之风景，韦、房之诗酒，兼有之矣”。

所以说，偶像的力量啊，是无穷的。

119

吴越王钱镠是临安人。

2019年秋天，杭州有个重大考古发现：在临安找到了五代吴越国衣锦城的城墙。衣锦城，正是钱镠造的。他出生于战乱频仍的晚唐时期，从临安一路到杭州做了吴越国国王，最终又回到临安，和他的父母一起葬在了衣锦城。

那为什么钱镠要把这个城称为“衣锦城”呢？顾名思义，衣锦还乡啊！毕竟钱镠的出身是私盐贩子，他投军后一路战功赫赫最后封王，是个励志典范。搁到现在，他的演讲那就要放在机场书店里循环播放了！

衣锦城建成后，钱镠当然就衣锦还乡，大宴乡朋。这次大宴，在《湘山野录·卷中》中有很长的记录，大意是这样的：钱镠被封了吴越王后，搞了巨大的排场回衣锦城请客，请客的对象就是众多乡里乡亲。其中，八十岁以上的，用金杯子喝酒，一百岁以上的，用玉杯子喝酒。席间用玉杯的有十几个人。（天哪，这是长寿之乡啊，临安不考虑一下用这个掌故做点推广吗?）喝高兴了，钱镠就执杯而起，高歌一首《巡衣锦军制还乡歌》:“三节还乡兮挂锦衣，碧天朗朗兮爱日晖。功成道上兮列旌旗，父老远来兮相追随。家山乡眷兮会时稀，今朝设宴兮觥散飞。斗牛无孛兮民无欺，吴越一王兮驷马归。”由于这一曲用词相对比较典雅，父老乡亲们虽然很捧场地笑嘻嘻，但并不知道这个原来贩私盐现在做大官的到底在说啥。钱镠只好一拍大腿唱起了吴越小调“你辈见侬底欢喜，别是一般滋味子，永在我侬心子里”。这下方才宾主尽欢了。

唉，搁到现在，钱镠就要拍段“抖音”小视频了，配文:“不是我不想低调啊，这实力不允许啊!”

120

继白居易之后，时隔约两百五十年，杭州又迎来了一个大文豪——苏轼。人们更愿意叫他苏东坡。

苏东坡两度在杭州为官，与杭州的关系，比白居易更深。他第一次来的时候，担任的职务是“通判”。这个职务名义上算是皇帝直接委派的，有监察之职，算是地方最高长官的副职。但苏东坡是被贬到杭州的，心情郁闷，来到杭州如画的美景中，不免要纵情山水间。

就是这段时间，他在湖上泛舟，酒后写下了关于西湖最有名的一首诗："水光潋滟晴方好，山色空蒙雨亦奇。欲把西湖比西子，淡妆浓抹总相宜。"

从此以后，西湖才有了那"晴湖不如雨湖，雨湖不如雪湖"的说法。

121

苏轼在杭州留下无数印迹，最令后人心生欢喜的，是一诗一堤一碗肉。

诗当然就是《饮湖上初晴后雨》；一堤，则是苏堤；然而，对更多人来说，苏轼在杭州留下的那一碗肉，才最令人感动。

其实，东坡肉并不是苏轼在杭州发明的。他在徐州当知州期间，带领全城人一起抗洪，百姓感动地送上猪肉（因为当时猪肉价贱，是穷人的食物），苏轼推辞不掉，亲自指点并将之烧成红烧肉回赠给百姓。因为太好吃了，这个肉被称为回赠肉，成为徐州传统名菜。后来，苏轼被贬到黄州，自己开荒种地，给自己起了个号叫"东坡居士"。他在这里，把烧红烧肉的经验写成了一首诗，这红烧肉，又在黄州传开了。

到了 1089 年，苏轼来到杭州当老大，组织民工疏浚西湖，筑了苏堤。杭州老百姓也特别感动，听说苏东坡爱吃肉，就在过年时抬着猪送给苏老大。苏老大也很感动啊，就教大家怎么把当时这种相当平民的食物做得好吃。

这就是“东坡肉”了。可以说，这一道菜，辗转了十二年三个城市，才真正名扬天下。

122

苏大人的《猪肉颂》，是在黄州写的，颇有白老先生的风格。全诗为：“净洗铛，少著水，柴头罨烟焰不起。待他自熟莫催他，火候足时他自美。黄州好猪肉，价贱如泥土。贵者不肯吃，贫者不解煮。早晨起来打两碗，饱得自家君莫管。”

这是东坡肉改良前的做法，但“少放水、慢慢煮”则是六字真言。到了杭州的东坡肉这里，除了一开始让五花肉块过一次水，整个烹制过程中只用黄酒。

苏东坡与东坡肉

烹制东坡肉一定要用肥瘦相间的带皮五花肉。对现代人来说，肥肉虽然味美，但吃起来还是有心理压力的。然而那一层酥烂鲜香，胶原蛋白满得仿佛要占满整个口腔的肉皮，真是东坡肉的精华所在，再拿一点点汤汁下饭，减肥算什么！

饭店里东坡肉越做越精致，要我说，食堂里做的大块东坡肉才最痛快！大快朵颐才是苏大人当年的目的啊！

123

杭州城东北，有一座山，叫皋亭山。

很多杭州人可能已经不知道皋亭山是杭州最古老的山丘之一了。在杭州还是一片汪洋的上古时代，皋亭山已经露在海面上了。“皋”的意思为水边高地；而“亭”的古义则是指人所聚集。一直到唐代白居易来这里做父母官，人们还要到这里来求雨。白居易就曾在823年的夏天，到山上祈雨，并留下了祈文《祝皋亭神文》。

白先生在祈文里特别诚恳地对皋亭神絮叨：杭州最近雨下得很少，老百姓苦啊！那我作为老大怎么办呢！又没办法人工降雨，所以只能求神了。昨天我在城隍庙求雨，下倒是下了，但下得比较小！所以我今天又来找您了！您看，您这么聪明正直，对老百姓也该有求必应吧！如果五天之内你把雨给我们下好了，那我们就要“歌舞鼓钟，备物以报”，这样不但是我们的福气，也是您的荣光啊！

这篇祈文也算是写得字字珠玑了！还同步DISS（鄙视）了其他神！那么有没有效果呢？

我能查到的史料是，白先生在半个月后，又去祭了黑龙神，希望龙神能来个“一雨滂沱”。

可见，至少那一次，皋亭神应该没能实现白先生的愿望吧！

124

公元823年，杭州不是很太平。

这是白居易在杭州当父母官的第二年，他到的第一年就遇到大旱，一直旱到第二年。身为当地最高长官，这年七月，他先去城隍庙求雨，后又去皋亭山祈雨。但老天不给力，要么只是意思意思下点小雨，要么就是干脆不理他。

白先生很生气，后果很严重。半个月后，他再次出手求神，这次求的是“北方黑龙”，写下了一篇《祭龙文》。这篇文章和前面去皋亭山求雨时的客气已经完全不一样了，可以说是掷地有声、振聋发聩。他说：“昨者历祷四方，寂然无应。今故虔诚洁意，改命于黑龙。龙无水，欲何依？神无灵，将恐歇。泽能救物，我实有望于龙；物不自神，龙岂无求于我？”

这大意简直就是：你看，你一个龙神，没水就屁也不是了。而咱们行走江湖，今天是我求你，你怎么知道你就没个求我的时候呢？赶紧地给本官把雨下起来，咱们一切好商量！

黑龙有没有听话，我们不得而知。但是白市长在杭州时，主要工作就是治水，而且很成功。“未能抛得杭州去，一半勾留是此湖。”不仅仅是因为西湖的美景，更是因为这一湖水啊。

125

盛唐时的杭州，还没有成为“超级大 IP”。所以元稹去绍兴当官，虽然同是被贬，但还要写诗来嘲讽在杭州当官的好朋友白居易，表示自己当领导的这个地方，与杭州相比才是人杰地灵、风景如画，特别是作为地方长官，配备的宿舍实乃豪宅，必须向损友显摆一下。白市长还要写诗回去强辩一番。

但你别说，真是的。白市长是公元 822 年来杭州当领导的，而公元 756 年，早白市长六十几年，诗人李白也来到了杭州，这不是他第一次来杭州，不过这次，他在杭州待了蛮久，主要是为了给好朋友送行，也住了一阵，从夏天待到秋天。

浪漫主义大诗人李白，在一个地方待了小半年，留下了多少诗？只留下了六首。明确写到的景点是天竺寺，西湖一个字也没提到。对着钱塘江，倒说了一句非诗非文的话“江水水清清如许”……只能说，当时的西湖是一大片淤泥，真的很不入李诗仙的眼了。

真心感谢白市长，抗旱清淤，筑堤灌田，还在山水间纵情放歌，终于把西湖打造成了“超级大 IP”！

126

不过，回头想想，精巧婉约的江南，确实也不太适合诗仙李白吧。

即便李白见到的西湖已经“水光潋滟晴方好”了，狂放如李白，也不会太喜欢吧。所以他在杭州，不是上天竺，就是下钱塘。毕竟，你能想象一个在江边“好风吹落日，流水引长吟”的诗仙，却无法想象出一个在断桥上叹息的李白啊。

127

“众里寻他千百度，蓦然回首，那人却在，灯火阑珊处。”

关于元宵灯会的诗词数不胜数，但最脍炙人口的，如果说是辛弃疾《青玉案・元夕》里的这一句，想来人们大多会投赞同票。

这首词的写作时间据传是南宋淳熙二年(1175)，词里没有明确点明这个万众狂欢的元宵，地点是哪里。

从辛弃疾的年谱看来，1174 年春天之前，他在安徽滁州当知州。这一年秋天，他经当时丞相叶衡的推荐被皇帝召见，就留在了杭州。做什么呢？仓部郎官——不知道算不算物资局的？他在杭州这次任职时间很短，到淳熙二年农历六月，就调去了江西。

著名的元宵妙词《青玉案・元夕》，大约就写在这段时间。

也有考证说，这是词人后来被迫退休去上饶之后写的。

但我始终觉得，词里写的就是杭州。1175 年，辛弃疾三十多岁，在杭州过了一个年。当时的南宋皇城，繁华如梦。大过年的，从皇帝到百姓，大概都没什么人特别关心远方的战乱和敌人，只关心御街上的灯会。

“东风夜放花千树，更吹落，星如雨。宝马雕车香满路。凤箫声动，玉壶光转，一夜鱼龙舞。”

毕竟，这么热闹的场景，当时也只有南宋皇城可以展现了。

128

如梦似幻的元宵灯会之所以让人留恋万分，可能是因为这是“年”的收梢？过了元宵，新年结束了，大家该上班上班，该读书读书，该干活干活，是以特别让人不舍。

灯会上光看灯，娱乐性还不够，猜灯谜倒是一件雅俗共赏的事。不过很少有人知道，灯谜最早就是从杭州开始流行的。

南宋周密所著的《武林旧事·灯品》里这么写道：“又有以绢灯剪写诗词，时寓讥笑，及画人物，藏头隐语，及旧京诨语，戏弄行人。”

这是灯谜最早的形式，有点像时事漫画，文人墨客们把不好说出来的腹诽，用藏头诗或者隐喻的形式写在灯上取乐。

这种形式给灯会增添了很多欢乐和民间传说，忽然成了“网红”“爆款”，渐渐就成了元宵的习俗。

129

南宋杭州人是有多爱玩，从灯谜这件事上可见一斑。

严格说来，灯谜和一般的谜语是不太一样的。普通谜语基本就是猜个事情，比如全中国小朋友们都猜过的最经典的谜语：“麻房子，红帐子，里面睡个白胖子。（猜一农作物）”三岁小娃娃从这个谜语里，知道了啥是花生。

南宋的文人墨客怎么可能把这样的谜面写上灯笼？太丢份了。灯谜又被称为“文义谜”，是“利用汉字的多音、多义、灵活的笔画组合等特点，通过别解手法，使底面相扣”。

举个例子，如果乾隆穿越到南宋街头出灯谜，就会出一个经典的灯谜给大家猜：“虫二——打一四字成语。”纪晓岚要是一起穿越回去，准会打个千儿说：“皇上圣明啊，这就是夸杭州的灯会，‘風月’无边呀！”

130

风月无边的南宋杭州，有诗社、画社，还有谜社。也就是说，灯谜文化已经流行到爱好者开始组建俱乐部了。

《都城纪胜·社会》中记载：“隐语则有南北垕斋、西斋，皆依江右，谜法、习诗之流，萃而为斋。”而能参加灯谜俱乐部的成员，基本上和诗社会员重合，是一件雅事。

还有靠猜谜为生的，发展成了一种街头表演艺术，有点像另类的戏班子——《梦粱录》里有一段记载：“商谜者，先用鼓儿贺之，然后聚人猜诗谜、字谜、戾谜、社谜，本是隐语。有道谜，来客念思司语讥谜，又名‘打谜’。走智，改物类以困猜者。正猜，来客索猜。下套，商者以物类相似者讥之，又名‘对智’。贴套，贴智思索。横下，许旁人猜。问因，商者喝问句头。调爽，假作难猜，以走其智。杭之猜谜者，且言之一二，如有归和尚及马定斋，记问博洽，厥名传久矣。”

可能这就是南宋年间的密室逃脱游戏吧……算是深受大众喜爱的娱乐活动了。

2017 年初，谜语（杭州灯谜）被正式列入第五批浙江省非物质文化遗产目录。

131

风靡南宋的猜谜活动，在历史的长河里起起落落，元代时没落了，明朝时又兴起了。到了清朝，杭州灯谜就更兴盛了，出现了很多大家。当时最著名的是曾任杭州诂经精舍主讲，在杭州住了三十多年的大儒俞樾。他编的一本《隐书》流传很广，以至于坊间出了很多山寨版本。俞大师有很多经典谜题，比如这一个："九十九——打一字。"谜底是"白"字，因为"白"就是"百"字少一。

从这个经典谜题就可以看出来啦，灯谜的主要动作，真的就是拆字。所以到民国时期，进步文人还通过灯谜教百姓识字：前辈谜家俞文乎在1931年写的《謇莽谜存》一文中，曾记载当时学界人士"假新市场东方影戏院开识字运动大会，当场分送《杭州民众》创刊号，内刊谜语数则，颇平易通俗，足为初学谜者之指径"。

可惜的是，现在猜灯谜成了一件相对小众的事。但杭州仍然有一群爱好者在坚持着，每年元宵，杭州都有大型的灯谜活动供百姓去烧脑。

来来来，猜一个试试？

"弄堂里摆摊"，打一个杭州地名。

猜得出来吗？

132

杭州正在打造“宋韵文化传世工程”。

2022 年 6 月，一场“宋韵杭州奇妙夜”的活动在西湖边钱王祠拉开了帷幕。主办方把那里整片湖滨打造成宋朝时的模样，一踏入就仿佛穿越到宋朝，充分感受到宋朝的生活气息……

可能连主办方都没想到，这个活动会广受欢迎。人山人海就不必说了，园区里的布景屡屡被人问“这个灯笼卖吗”也不必说，关键是在现场你真的会觉得自己是回到古代了：全杭州的汉服都被爱美的小姑娘们借完了，然后全部穿到了钱王祠这里，穿个 T 恤出现在这里都让人觉得这衣服对景色多少有点冒犯！还有点茶摊、宋刻展、杭罗市集、宋式插花、古琴古扇、歌舞表演……宋朝人的夜生活，未免也太丰富了吧！

有个小段子一直在那几天杭州的汉服圈子里流传：不能穿唐时衣服来奇妙夜，会被嘲笑！

但是穿着唐装的小姐姐也很伤心啊，毕竟去迟了，宋服已经借不到了呀。

133

这次宋韵杭州奇妙夜，令最多人驻足的一个展品是《西湖繁胜全景图》的复刻版。它被悬挂在钱王祠五王殿右侧的长廊上，画幅全长有十六米，是我们现今能见到的最早的一幅西湖全景图。

很多人在这画前驻足，细细打量画里的一点一滴，这十六米长卷所绘的，正是约八百年前的西湖山水。画这幅图的人别出心裁，画面从钱塘门开始，逆时针环西湖一周，再回到钱塘门原点。这一路上精彩纷呈的美景都被巨细靡遗地绘制了下来：保俶塔、断桥、白堤、苏堤、雷峰塔等都能被一眼认出。

但很少有人知道这幅画背后的故事。

其实，这幅画，1911 年就已经流落美国，一直被收藏在美国弗利尔美术馆里。很长一段时间里，这幅画被认为是明代画作。2009 年，杭州的文史研究学者陈珲老师，在为大佛寺查资料时，在一本书中发现了一张小小的插画，画里带有大佛像、断桥。这张画，正是《西湖繁胜全景图》里的一部分。也许是天意吧，尽管书的作者标注了这幅画是明代的画，陈珲却一眼就觉得这画的是南宋时的西湖，就此开始了对这张图的追寻和研究，历时四年，才考证出这张图画的正是南宋西湖。

2022 年的“宋韵杭州奇妙夜”只有五天时间就结束了，但十六米的《西湖繁胜全景图》复刻版被留在了钱王祠再展出一阵。

毕竟，这是我们离南宋西湖最近的十六米了。

134

朱自清在《绿》里写虎跑寺旁的“绿壁”，说这种绿，太浓了。又说西湖的绿，太明了。杭州人读到这里会有点犯嘀咕，但想到大作家提起绿色，便点到两次杭州，就觉得……好吧，无论如何，杭州的绿，还是绿得很有记忆点的。

不过2022年底，杭州最热门的颜色，却不是绿，也不是银杏黄，而是——红。

新修好的德寿宫，在正式开放之前，它的宫墙先红了。这句话的意思就是字面意思：沿着中河路的那一道宫墙，大概在10月下旬，过往的游客忽然发现，工人正在用大红色刷墙，刷了约有一百七十米长。然后几乎是一夜之间，这道红色的宫墙就“刷”爆了朋友圈，杭州人纷纷前往“打卡”，这宫墙还没刷完整，就“谋杀”了无数菲林。

那问题就来了：德寿宫的宫墙红，到底是什么红？记者小姐姐去采访过了：这个红不同于故宫红，它叫“黛赭”。黛是青黑色，古代女子用来描眉的颜料，而赭是偏褐的红色，因此，黛赭是一种暗红，红里透黑的颜色（咦，红得发黑是不是也是这种颜色？）记者小姐姐贴心地送上了一个比方：是某品牌红管唇釉200号的颜色。

德寿宫的宫墙一红，杭州就成了临安。

135

也许会有人问：为啥要给德寿宫刷红墙？这不是宋代遗址上建起来的吗？宋代不是很崇尚素雅之色吗？

虽然确实如此，但宋室的宫殿，采用的还是红墙绿瓦。德寿宫始建于南宋绍兴三十二年（1162），是宋高宗赵构退位后的居所，在坊间被称为“北大内”，因此德寿宫刷红墙，也是很符合宫殿原主人的身份的。

话又说回来，在宋高宗之前，此地另有主人：秦桧。

据说，德寿宫原址上有个漂亮的花园，秦桧看中了，就向宋高宗讨要。1145年，高宗将这块地赐给了秦桧，秦桧住了十年，因为府邸修建得太好看了，高宗还来做过几次客。十年后，秦桧病亡，府邸被朝廷收回。后来高宗打算禅位，就想到了这里，于是下令重修这个地方并命名“德寿宫”。1162年德寿宫修好了，高宗入住并开始享受退休生活。后来孝宗也是在这里过上退休生活的。

现在在遗址上重新修起来的德寿宫，边上就是居民区。取景红墙拍照的游客，很容易就把周遭那些高楼带进镜头里。事实上，在将近一千年前，这里的“小西湖”景致可不比真正的西湖差，毕竟要满足皇帝足不出户即可游览西湖的愿望。

当然，你想感受？也可以。数字化复原了解一下，虽然不能掬水，但或许可以造一轮虚拟的明月，自宋代照向此刻的人间烟火。

136

南宋定都杭州的一百三十八年里，出过多少个杭州市市长？说出来可能吓你一跳：超过一百四十个！可见在那个时代里，皇城根下的杭州市市长这个工作，不太好干啊！甚至有十来任市长，一个月都没干到就换岗了。

不过，牛人也有。有个叫赵与簒的，就是这一百四十多人里的头一份，当了十一年市长！赵与簒当杭州市市长的时候，已经年过六旬。他身世其实蛮显赫的，是宋太祖的十世孙——皇室宗亲啦！不过他是老老实实考中进士才做官的，但他考运一般，尽管丈人老头是个状元，自己却过了不惑之年才考中进士，他人生中最浓墨重彩的履历，就是当了十一年的杭州市市长了。

赵市长十一年里做的事，稍微说几件给你们听：疏浚西湖治理六井是市长们的老课题了，赵市长做得不太一样的地方是从天目山引水入城来解决杭州居民的饮水问题。他疏浚西湖时留了一条赵公堤来致敬他的偶像苏东坡，现在这个堤被重修在杨公堤边上。

他重修了涌金门外的丰乐楼，这个简直是当时城中娱乐圈的盛事了。他疏浚了当时的大运河河道，让几近干涸的古代"高速公路"重新恢复畅通。在任期里，他为杭州新建了四个大粮仓，创建了南宋期间最专业的救火队伍，重建了养老院和儿童福利院，创建了能让老百姓免费看病的施药局……

看看这些成绩，也难怪他能在杭州市市长平均任期不到一年的南宋年间，连续当了十一年杭州市市长了。

赵与篙很长寿，活到了八十一，想必他年迈时，坐在经他治理重新变得美丽的西湖边，应该是老怀大慰的吧。

137

杭州大体上是个四季分明的城市，但这座城市经常会很任性，用杭州人的说法就是季节"随机播放"。很多时候，你完全不知道这天气变化到底遵循的是啥逻辑。

比如 2018 年底，冷到了骨子里，波司登硬生生在杭州成了潮流品牌，但到了2019年开年，还没过春节呢，气温有几天忽然飙升到了二十摄氏度，可以说是相当错乱了。

也难怪，杭州本地新闻媒体的头版头条，常常是天气。

因为在杭州待着碰到这种事，你会有一种自己感知出错的感觉，需要官方帮忙核实：啊，原来1月份真的会到二十摄氏度啊，怪不得我昨天穿不住秋裤了！

138

事实上，杭州人最怕的倒不是冷，而是阴雨。

2018年末，整个12月，杭州的日照时间加起来只有不到四十个钟头，创了历史新低。到了2019年，更糟了，一直到1月11日，还是阴雨绵绵，媒体的大标题都是"杭州人2019年还没见过太阳"。

要不我怎么说杭州人有意思呢。面对这样的情况，浙江气象台的小姐姐们突发奇想，用一个小视频带了一波节奏，引发了杭州人的全民狂欢。气象台小姐姐录了一个视频，在气象台的招牌下，对天、对地、对着浙江省气象台的招牌"发誓"，信誓旦旦表示，这个周末，浙江大部分地区一定能见到太阳，否则，她们就直播砸招牌！

这还得了，这个视频迅速冲上新浪微博热搜榜。到了周末，全城人都撸起袖子等太阳。

太阳有没有出现呢？

有是有的，有那么一瞬间，阳光冲破了云层洒下一点光。用杭州人的话来说，这种太阳，叫"乌花太阳"，意为像腊肉上出的乌花一样暖昧不清，好比天上有块毛玻璃一样。

但气象台的招牌算是保住了。杭州人民也很高兴，毕竟有一点阳光，咱就灿烂啊！

139

气象台小姐姐在气象台招牌前赌咒发誓周末一定会有阳光，算得上是新时代的祈晴活动了。毕竟，杭州人自古也是有这个传统的。

苏东坡苏老市长在杭州任职的时候，就留下了好几篇祈晴的祷文。要说杭州真是一个有主角光环的城市，父母官求个雨祈个晴都能留下千古绝唱。白市长当年求雨去的是皋亭山，离西湖还有点远，苏市长当政的时候，西湖已经名满天下，他祈晴，去的就是西湖边的吴山了。

在吴山边，他是这么和老天爷商量的：眼看着就要丰收了，结果老天爷好像不高兴，一直在下雨。大家都很伤心啊，请老天爷开开眼，不要作了，咱们给你上点吃的喝的，你快吃上喝上，赶紧放晴吧！

这么祈晴后，有没有阳光？

我没查到资料。不过后来有一次苏市长去上天竺祈晴是成功的，因为他后来还写了一篇答谢文。

毕竟在古人心里，上天竺是很神圣的地方。古人不到万不得已，是不去那里求神的。

140

把苏市长的祈晴文和白市长的祈雨文比一比，我个人觉得白市长的要霸气一点。

不过,杭州人显然更爱苏市长一点。苏市长两度在杭州当父母官,加起来有五六年时间,在杭州留下了苏堤、东坡路、东坡肉……而对苏市长来说,杭州也是相当重要的,因为他一生中光华灿烂的成就——词,是到杭州当通判后,才开始大规模创作的。

彼时,杭州已经名满天下,西湖虽然仍然亟待苏市长治理,但杭州人的娱乐活动已经相当丰富了,说杭州人喜欢夜夜笙歌也不为过。而词这种需要配着音乐才能被传唱的艺术形式,在杭州就很时髦。苏市长到了杭州,很快被这种风气影响,面对西湖,开始作起词来。

这一作,就作上了神坛。

杭州和苏轼,就这样相互成就了。

141

光泉法师曾经感叹现在交通越来越方便,香客们多年前的流行路线是包车到武林门,然后徒步去灵隐,现在嘛,大客车都直接开到灵隐寺景区停车场了。

而更早以前,去上天竺烧香,可是一件需要好好安排的大事。也难怪苏老市长去个上天竺就要题字留念,可能当时走得也比较累了,没力气写更多词了。

何以见得去上天竺是一件大事呢?冯梦龙的"三言"里有一篇《卖油郎独占花魁》,后来被改成越剧,流传甚广。这个故事就发生在杭州,时代大背景是靖康之变,汴梁城破,大批人逃难到了杭州。十三四岁的男主角被急于出门去做香火生意的父亲过继给了杭州城外一个油铺老板，女主角则和父母走失，被人贩子卖到妓院成了花魁。男主角嗣父的家庭也有一系列变故，男主角后来落魄了，同时也是为了寻找生父，成了走街串巷的卖油郎，这样才认识了女主角，一见钟情……

现在重点来了！这个大团圆结局的故事，中间很重要的一条线就是男主为了寻找生父，想办法走街串巷。文中提到的男主经常出没的地点，是众安桥一带。而男主的父亲是在哪里做香火生意呢？上天竺！

某地图导航类 App 显示，从众安桥到上天竺，约九点五千米，步行需要将近两小时十五分钟。

而《卖油郎独占花魁》里，"就中单说天竺寺，是观音大士的香火，有上天竺、中天竺、下天竺，三处香火俱盛，却是山路，不通舟楫"，是以交通十分不便。这二十里山路，让卖油郎找生父找了足足八年，到故事结尾他方才寻到父亲！

142

《卖油郎独占花魁》这个故事，搁到现在，也是一个畅销小说的底子——有大时代背景，也有小人物奋斗，"大女主逆袭"，当然更有充分的爱情戏，"经济适用男"对"白富美"一见钟情，"白富美"也爱上了这个"暖男"……所以它前前后后被改编成好多个戏曲版本，从川剧、秦腔、河北梆子，一直到越剧、黄梅戏，可以说是一篇"爆款"文章。

就这个故事而言，究其走红的原因，可能主要还是它让人很有代入感。就像现在流行“玛丽苏”偶像剧，是因为万千少女都能假设自己就是那个灰姑娘。这个故事讲的是底层小市民，不像书生小姐定情后花园那么脱离现实。普罗大众看了这个故事，也可以幻想一下自己就是那个卖油郎吧。

故事里，卖油郎秦重之所以打动花魁，是因为他积攒了大半年，攒了十三两银子，换了与花魁的一夜良宵，结果花魁喝醉了，秦重不但没有趁机揩油，反而默默照顾了一夜啥也不求，就此感动了花魁。

我换算了一下，北宋年间，一石米的价格是三百钱到六百钱，一两银子可以买四石到六石大米，毛估估取个中间值，一两银子相当于一千五百块钱吧，卖油郎靠个挑油担子，用三两银子的本钱，大半年走街串巷卖油，就净攒下了十三两银子，相当于一万九千五百块钱，绝对是能干的！怪不得后来花魁拿出积蓄当本钱，卖油郎重新开了油铺子就直奔小康了，生意他是会做的！

以及，当时的杭州城，对油的消耗到底是有多大啊？

143

卖油郎的故事毕竟是小说，靠卖油赚大钱在小说里是可行的，现实中不太清楚。但在宋朝的杭州，卖酒应该算是一个好营生。

不过，当时的酒和盐一样，是官方专卖的，不能乱来，税收也非常高。官办酒厂叫酒库，不但负责酿酒，还各自有不同的酒店负责销售，也是一条龙集团化运营。在南宋的杭州，这样的酒库有十几座，可以想见当时的繁华了。每年清明节前，酒库开始煮酒，要办个仪式，等同于现在的花车游街狂欢节，各酒库派代表带着样酒一路游行，随街派发酒水小样，城中名妓也在车队里招摇过市，算是年中一大盛事。

我觉得这个仪式中很重要的一件事，其实就是派发酒水小样。毕竟全城的小散户，也只能到官方酒库统一买酒啊，这个狂欢节，就是个小型广交会，能不能卖更多酒水，全看这一天的吆喝了。

可见，宋朝人已经很有生意头脑了啊。

144

南宋临安最有名的酒楼，叫丰乐楼。

到现在，杭州仍有一个叫“丰乐桥”的地名，因为当年桥畔就是丰乐楼，由此得名。从地理位置看，丰乐桥位于解放路和中河路相交这一带，离南宋当时的御街不到一千米，离涌金门差不多一点三千米，好像和传说中南宋“涌金门口”还是有一点距离，不知道是不是因为丰乐楼在漫长的历史中，不断重建，以致这个丰乐桥边的丰乐楼，已经不是宋代人民从开封带过来的那一个了。

丰乐楼在和杭州有关的白话小说中，频频出现。最出名的段子是老有文人墨客在丰乐楼的墙壁上写诗留言，希望能被皇上看见。“三言二拍”里有个故事《俞仲举题诗遇上皇》，讲的就是一个叫俞良的四川举人来杭州赴考，没考上，钱也花光了，心情很差，就在丰乐楼里写了首词，写完推窗看见西湖，就打算跳湖自杀，又没死成，被酒保送回了家。结果正好太上皇去丰乐楼玩耍，看见了包厢墙壁上的题词（小二心里苦：来不及擦！）。因为署名非常准确，酒保又正好知道这个人的住处(刚刚送人回去过),追去俞良住的客栈,上演了一段伯乐发现千里马的佳话……

这个故事告诉我们,发帖一定要实名,这样才方便伯乐准确找到千里马本马。这个故事还告诉我们,发帖点赞过十万,不如给最关键的“大 V”看一眼。

145

徐文长是绍兴人,他的一生其实以悲剧为主,但他在民间的很多故事,却都有喜剧色彩,而且蛮多与杭州有关。

大部分的故事主线都如下:穿着平凡的徐文长,不小心遇到了杭州的高官/贵人/著名的文人墨客等,施施然走过去聊天,被人瞧不上,然后在对方的嘲讽下,吟诗作对、挥毫泼墨,令对方跌碎下巴……

所以在徐文长的故事里,杭州美景是甲天下的,但杭州的文人墨客们,基本上看起来都很浅薄……

看来,普通人“逆袭”的“鸡汤”故事,在古时候,也是很有市场的啊!

146

在徐文长的杭州故事里,最有名的是一副对联。

据说对联是和当时的杭州知府对的,知府说要和徐文长对对子,指着保俶塔说:“保俶塔,塔顶尖,尖如笔,笔写五湖四海。”

徐文长并不回答,只是指指锦带桥,向知府拱拱手,之后,又两手平摊,向上一举。

知府以为徐文长答不出来，不免心下得意，谁料徐文长微微一笑说："这就是我的下联啊！锦带桥，桥洞圆，圆似镜，镜照万里九州。"

要我说，别说是知府了，你叫谁猜，都不能从拱手平摊向上一举这一串动作里，猜出那么南辕北辙的下联啊！

但是老百姓们都很喜欢。对于怀才不遇八次落第的徐文长，老百姓是他真正的知音。

147

古往今来，总有无数人愿意为西湖写赞歌（李白倒是更喜欢钱塘江，这很李白）。这其中，我顶喜欢的，便是明末清初张岱的《西湖梦寻》。

百度百科词条里，张岱的编年史占了很大的篇幅，几乎每一年都有纪录——这就是古代大文人的好处了，凡走过，必要留下痕迹。古代也没个朋友圈，全靠一支毛笔写写写，张岱简直著作等身，而且涉猎极广，是个有趣的人。

关于张岱的故事也很多，这是一个文学家、史家、玩家、"吃货"……他是个长寿老人，写完《西湖梦寻》这本书的时候，他已经七十多岁了。他用五卷七十二则纪事，讲了他心里梦里幻想里的那个美丽的杭州。我得说，到现在，这都是研究杭州必备的工具书之一。

据说，他年少时曾因为《兰亭集序》而特地去绍兴探访兰亭，结果发现真正的兰亭根本没王羲之写的那么好，因此非常生气，发表了一通类似于"拒绝美颜滤镜"的感言。不过，他古稀之年写下的《西湖梦寻》，因为有一个"梦"字，这整本书也多多少少开了一点点梦境自带的美颜效果，又带着一个老人看透世事的通透大气。当然啦，作为西湖的“真爱粉”，我认为，因为读过这本书而来西湖的人，对西湖也是不会失望的。

148

杭州人丁丙1832年出生在杭州的梅东里，也就是现在的梅登高桥一带。他是晚清藏书家，同时也是出版家、慈善家和实业家。

丁家世代经营丝绸业，很擅长做生意。在杭州，丁家可谓巨富，现在浙大一院所在的地方，当时就是丁家的宅院。不过杭州人一直记得丁丙，并不是因为他们家有多富，而是因为他在文化、教育、慈善等诸多领域做出过巨大贡献。重修拱宸桥，只是其中一件事。

丁丙在杭州的这一生，还参与了抢救《四库全书》、重建文澜阁，修缮了钱王祠、白公祠、岳飞祠、于谦祠等，抢救和保护了一大批珍贵的文物。

他有多爱杭州呢？他费尽十年心血，摘引超过一千六百种书目编撰而成的五十四册《武林坊巷志》，算得上是目前我国编撰体例最全、体量最大的一部都市坊巷志，至今仍然是研究杭州人文历史的学者们常用的案头书。

《武林坊巷志》，就是丁丙写给杭州的情书吧。

149

余杭的故事，其实很多。良渚是过于久远了，历史近一点，更多人知道的一个故事，是杨乃武与小白菜。

杨乃武与小白菜的故事，在清末四大奇案里是最曲折离奇也最催人泪下的。因此在主人公还活着的时候，根据这个故事衍生出来的各种文艺作品就被广泛传播——讲的是余杭镇上葛家童养媳小白菜和家人一起租住在举人杨乃武楼里，有天葛家男人暴病身亡，小白菜被当时的余杭知县刘锡彤屈打成招，承认是和杨乃武一起毒杀了丈夫。但杨乃武坚决不认罪，在死牢里委托胞姐代为上诉，当时的《申报》数次深入采访做连续报道，让这个案子从余杭审到杭州，再一路递送到北京，历时三年，轰动朝野。最后在慈禧太后的直接干涉下，杨乃武与小白菜方才沉冤昭雪，这个案件以浙江一带近百名官员受牵连落马而告终。这是很少有的慈禧太后以正面形象出现的故事。

这个故事之所以脍炙人口，情节曲折是其一，其二是大结局里两个主人公是活着时就被平冤的，草菅人命的官员因此落马，这也算是大快人心。不过，故事到沉冤昭雪就戛然而止，就像许多故事一样，并不管后来。

后来怎么样呢？这个故事里的每一个名字，背后都有一个真人。杨乃武和小白菜沉冤昭雪，围观群众放下了心。回到余杭的这两个人，都算长寿，活到了七十几岁，在当时算是高龄，但这漫长的，后来算是平安的一生，幸福吗？故事中不会提到。

举人杨乃武出狱后家徒四壁，清贫一生，而小白菜则直接出了家，在青灯古佛旁度过了半个世纪。

至今，余杭仍有一个小白菜文化园，里面的杨乃武与小白菜奇案展示馆是余杭区法制教育基地。如果你去余杭，正好有片刻闲暇，可以去文化园里走一走。

150

2018年8月，杭州虎跑寺举办了一个活动，纪念李叔同出家一百年。

一百年前，李叔同就是在杭州虎跑寺出家的。

出家前，李叔同来过两次杭州。第一次是1902年夏天，他在杭州小住了一个月。1912年夏天，他又来到杭州。这次他就留了下来，其中有六七年时间是在浙江省立两级师范学校（后改浙江省第一师范学校），也就是现在的杭州高级中学教书——丰子恺、刘质平、吴孟非、潘天寿都是他的学生。而脍炙人口，唱遍大江南北的《送别》，正是李叔同在这段时间写的。

李叔同在虎跑寺写下《断食日志》

1915年底，李叔同在虎跑断食十八天，写下了《断食日志》，之后就下定决心——“像我们这种人，出家做和尚倒是很好的”，于是就在虎跑寺出家，在灵隐寺受戒。这世间，从此有了弘一法师。

151

对杭州人来说，没有腊八粥的腊八节是无法想象的。这一天，必须有这么一碗丰富的甜蜜软糯落胃，才算是开启了过年的序幕。而最令杭州人感到幸福的是，杭州人喝腊八粥是不需要自己花钱的！

已经连续好多年了，灵隐寺都会在腊八节全城派粥。三十万份腊八粥，通过各种渠道，甜甜蜜蜜地发往城市的角角落落。

不只灵隐寺，杭州城里很多寺庙、中药店都会在腊八节这一天，免费派送腊八粥。杭州人也习惯了这样的风俗，连单位的食堂到了这一天，都会熬上大锅腊八粥，供大家免费喝。

胡庆余堂这里，凌晨三点就开始有人排队等着领腊八粥了。当然啦，会在这么一大早来排队的，多半是老年人，所以队伍排得相当和气，六点多的时候来了个九十岁的老伯伯，大家马上让他往前走——喝腊八粥，喝的就是甜蜜福气。送粥的，喝粥的，都喜气洋洋。

喝完腊八粥，就好过年啦。

152

杭州人对腊八粥的热爱，还体现在一件事情上：灵隐寺要为腊八粥申遗。

事实上,“灵隐腊八节习俗”已经入选了第六批杭州市非物质文化遗产、第五批浙江省非物质文化遗产,往后还要申报中国非物质文化遗产、世界非物质文化遗产呢。

这碗在申遗的腊八粥有啥特别?有一年,灵隐寺大和尚公开了食谱:花生、红豆、莲子、桂圆、红枣、蜜枣、芸豆、白果、糯米、大米、白砂糖等。而最最特别的一种食材,是糖桂花。

慢火熬了六小时熬出来的腊八粥,最后一定要撒上一点糖桂花,才有最正宗的杭州味儿。

甜,香,软,糯。端在手里,是来年满满的好福气。

153

千年古刹灵隐寺,是杭州除了西湖之外最负盛名的景点。一年到头游人如织,香火不断。到了烧头香的时节,附近全部要交通管制,根本挤不进去。

但是有两样东西,每年由灵隐寺大量制作后免费派送,是杭州本地人的独有福利,外地游客不太掐得准点。一样是腊八节的腊八粥,每年要送出三十万份。另一样,就是灵隐寺方丈光泉法师的新年祝福——光泉每年都会为杭州市民祈愿,写一幅字做成年历,也是全城派送,有缘人总能通过种种渠道得到一份。得到者莫不珍之重之地贴在墙上醒目处,这是杭州城最近十年来的独特风俗。

腊八节，灵隐寺分派腊八粥

154

灵隐寺方丈光泉法师是地地道道的杭州人，出家前是个公交车司机。1980 年前后，他开的是七路车。说巧，那也是真巧，七路车的起点站和终点站，分别是城站和灵隐。光泉说，在他开公交车的那些年，有很多外地香客下了火车，就是由他送到灵隐的。

七路车从城站到灵隐，一共十七站。彼时杭州城小，城站算是市中心，开出三站就已经到了涌金门外，接下去就是一公园、湖滨，一直到少年宫，经过北山路再转去九里松一直到灵隐，基本是条景区专线。

当年坐七路车去灵隐的香客们，和开着车载着香客们的光泉法师，应该都想不到几十年后的人生吧。

155

早些年，香客是西湖边的一大风景。

从年初一开始，就有周边城市的香客成群结队陆续往杭州城里赶了，他们都是去灵隐寺烧香的。香客团非常好辨认：多半是上了年纪的老爷爷老奶奶，无论啥装扮，都有一个斜挎在身上的黄色香袋。

这些香客团每年都像候鸟一样前来，一直要到春暖花开才渐渐少下去。香客们的进香路线是蛮相似的，多半要从武林门一直徒步走到灵隐寺，差不多七千米，徒步约一个半小时。但香客们除上香之外，也很喜欢去西湖边走走，所以西湖边也常常能见到一队一队算是蛮有纪律的香客。

这几年，西湖边香客渐渐少了。可能是因为现在交通实在太方便了，大巴都直接开到灵隐景区，大家下车烧完香就走了吧。

而且，灵隐寺早就不允许烧高香了，三炷清香也是一片诚心。

156

杭州二一七路公交车上，有个干了四年的夜班司机。这个司机最早是开白班的，为了多挣一点钱，五年后，换成了二一七路的夜班司机，一个月可以比做白班司机多赚一千块钱。

结果当了两年夜班司机后，他家里拆迁，除分到一笔钱之外，还分到了六套房子，从此他多了一个外号——"周千万"。

"周千万"成了土豪后，做了一个决定：继续开夜班车。

"家里没有了后顾之忧，工作起来更安心了。""周千万"说。

杭州老底子的城郊接合部有很多拆迁户，在城市发展过程中，都或多或少发了财。像"周千万"这样的人，其实蛮多的。

我有一次打专车，遇到一个中年司机，一路很愿意和人聊天。他说，他就是一个拆迁户。"家里房子很多的！根本不差钱！"

那我就问他为啥出来干这个工作，要从事这个行业，也可以当车老板啊！

司机师傅叹了一口气说："因为我有一个在读中学的儿子啊。"

"啊？工作和儿子有啥关系啦？"

"我想让儿子知道，一个人就应该对社会有贡献，一定要好好工作！不是光有钱就可以的！"

这真是我听过最质朴的热爱工作的理由了。

157

网易丁磊用七年时间养猪，先拿了一头来拍卖。

"外婆家"吴国平用十六万元拍下来，做了一桌全猪宴请自己的朋友吃。

网易的黑猪肉

餐桌上大家聊今天的猪肉为什么好吃，到底是养育之功还是烹饪之功。丁磊说，因为他养的猪生活得很愉悦，住得好，吃得好，而且不交配。

边上的人悄悄吐槽："不交配为什么会快乐？而且，一头快乐的猪，再快乐，最后还不是被吃掉！"

嗯，吃还是比较好吃的。

158

这简直是杭州餐饮圈最神奇的传说了。

据说，以前在平海路，晚上十点，会有一个胖大姐出来卖臭豆腐。

大姐的臭豆腐好吃到什么程度？一到点，她的摊位前就会排满豪车。生意最好的时候，警察来抄违停车牌，一抄一串。半夜两点，能遥遥望到西湖的街边，小板凳上坐满了人，香水和臭豆腐的气息混杂，是另一种俗世热闹。胖大姐就在锅边炸着臭豆腐。

据说，沈宏非去吃过，周杰伦去吃过，李艾去吃过……总之一传十十传百，去吃的人越来越多。而且，江湖传说，胖大姐靠这一摊子臭豆腐，开的是宝马，家里有一个房间，专门用来放 LV。

这流言太猛，以至于胖大姐无论怎么辟谣都没用。

后来，胖大姐不摆摊了，新店开张的时候，门庭若市，再次引来交警贴条，大家虽然叫苦不迭，却还是不肯放弃。

再后来，那家店又不明原因地关了，热起来的是杭州本地论坛上的一个帖子——“我的婆婆是胖大姐”。据说真的是胖大姐儿媳妇写的。

胖大姐的臭豆腐到底好不好吃？我不吃臭豆腐不知道。

但胖大姐的传说，一直到现在，都在江湖上飘啊飘。

159

杭州的餐饮圈说大不大，说小不小，传说很多，江湖不老。

数得上名号的，其中一位是大师胡忠英，他身负盛名：中华十大名厨之一，国际烹饪艺术大师，杭州酒家总经理。

说起往事，胡大师回忆起 20 世纪 60 年代去望湖楼学厨，师傅递给他一把菜刀。

“去磨刀。”师傅说。

成为大师的第一课，是磨刀。胡忠英入行四十多年，获的奖已经数不过来了，但用完的菜刀，他却记得清清楚楚：十三把。

现在在用的这一把，已经用了二十多年，是1993年在上海买的“胜虎”牌，伴着他行遍江湖，被保养得依然光亮如新。

成为大师的标志，大概就是，已经很难再“用完”一把刀了吧。

毕竟，这把刀已经成了他的知己，不再是工具。

就像剑与剑客一样。

160

杭州市民马云不是个平凡人。

他最早出现在杭州的新闻媒体上，有据可查的大概是在1994年。这一年，杭州有个明星老太太Grandma，大大小小的报纸啦电视台啦电台啦，都在采访她。为什么呢？因为这个八十岁的老太太有一口算是蛮流利的英语，更令人惊讶的是这个老太太是从七十六岁才到英语俱乐部开始学英语的！她的英语老师，就是马云。

她在接受采访的时候，总要感谢一下马云，感谢一下有马云的英语俱乐部，以及后来马云创办的海博翻译社。

Grandma绝对想不到，她的老师马云未来将取得多大的成就。但她真的用自己证明了一件事：马云是个好老师。

161

1995年对马云来说，是相当重要的一个年份。

这一年3月，马云和他的海博翻译社出现在《杭州日报》的《西湖》副刊上，当然，同时出现的还有老太太Grandma。这篇文章的作者文敏，很朴实地记录了这群热爱翻译事业的人。

文章里这么描述海博翻译社："海博"翻译社以"越过大洋握个手"为口号，为自己的工作定了一个高高的基点。"海博"是英语"hope(希望)"的谐音，希望能通过自己的努力，在两种文化、两种语言之间架起一座桥梁。

这可能就是马云的初心吧。在文章里，作者夸马云是一个天生的优秀教师。他说："我干别的也会很优秀的，信吗？"

162

"我干别的也会很优秀的，信吗？"问完这个问题，1995年4月，人民教师马云有了一次去美国的机会。他带着所有的积蓄在美国待了一个月，考察的内容是当时对绝大多数人来说听都没听说过的东西——因特网。回来后，马云就向杭州电子工业学院(现为杭州电子科技大学)院长提交了辞呈。校长当然极力挽留，但是在听过马云对自己未来的描述后，痛快地放了人。

1995年，马云对未来的期许，叫中国黄页。

这一年9月，马云再次出现在《杭州日报》上。这一次，不是文学副刊版面了，而是一则通讯——《中国黄页闯世界》。

现在的小朋友可能无法想象断网的世界。同样，对 1995 年的大部分人来说，也无法想象联网的未来。

在这篇通讯里，记者写道："'中国黄页'的丌通在杭州的企业中激起了不小的浪花，杭州电视机二厂、飞达玩具厂、望湖宾馆等十多家企业捷足先登，首先进入了'中国黄页'，很快便收到了从世界各地发来的询盘，至今已收到十四个国家一百多封电子邮件。"

马云不当老师了，干别的，真的也很优秀。

163

现在回过头去看马云最早出现在新闻媒体上的言行，是很有趣的。他自己回忆，第一次上电视是因为"见义勇为"。为啥打引号？因为那是电视台在"钓鱼执法"。1995 年，杭州电视台西湖明珠频道派几个大汉假装在偷窨井盖，看看有没有市民挺身而出。

大汉们等了很久，经过的市民很多，却只有一个人站了出来，大声要求这几个人把井盖抬回去。这个市民在接受采访时，表示自己当时心里也有点打鼓，所以走过来走过去，走了四次才判断出这群人是不是在做坏事，最终还是没有忍住，挺身而出。

电视字幕上打着这个热心市民的名字：马云。

164

马云再往后的故事，已经是大众耳熟能详的了。

甚至媒体会仔仔细细地探访他二十多年前的住处：湖畔花园十六幢一单元二〇二室。

马云是1997年买下这套房子的，在当时这真是一套大房子，有约一百五十平方米，四室两厅。据说马云当年购入这套房子花了约四十五万元，虽然很大，但离市中心非常非常远。湖畔花园在文一西路——啊，1997年的文一路对杭州市民来说已经很远了，文一西路根本还没修呢，他们大多不愿意去住。当时要去湖畔花园只能坐二十五路公交车到翠苑，然后换上三轮车，走小土路颠簸着到小区。

1999年，马云从中国黄页辞职，回杭州再次创业。创业团队十几个人就挤在湖畔花园十六幢一单元二〇二室里，做出了后来震惊世界的阿里巴巴。

据说，在阿里巴巴内部，湖畔花园十六幢一单元二〇二室被称为“小黑屋”。阿里巴巴内部相信，如果一个项目能去湖畔花园关一下“小黑屋”，既是一种荣誉，也是一种好运——淘宝网、支付宝、钉钉这些项目都曾经在“小黑屋”里关过。

2019年，湖畔花园同房型的房子在二手市场上的挂牌价已达六百万元。而这套房子，已经快要成为景点了，会有各种年轻人抱着朝圣的心情前来寻找。

其实，这真的只是一套普通的房子啦。

165

有趣的是，湖畔花园十六幢一单元二〇二室的神奇之处，还不只体现在马云身上。

1997年,马云陪朋友在这里买房子,结果自己也买了一套。而当年卖这套房子给马云的售楼小姐,叫李晓桃——交房后,马云还曾试图把李晓桃挖到自己公司做销售,可见李晓桃的能力有多强悍。

李晓桃拒绝了这个提议,因为"我根本没听说过互联网",当然她也没有后悔过。因为多年后,当她因为把这套房子卖给马云而被人们提起的时候,她身上已经有了一个标签——"浙商女杰"。在杭州房产圈,她是传奇女老总之一,不过不是因为把房子卖给马云,而是因为她在房产圈真的是很强的操盘手,长得美,做公益,爱运动,带团队,开公司……

我觉得有趣的是,越来越大的杭州,其实真的很小。

偶尔我们在读历史书的时候,会觉得有那么几个黄金时代,各种在史书上拥有闪闪发光名字的人彼此有各种交集,构成一段段发光的故事。而对杭州来说,也正处在这样的一个时代。多年后,我们回想起这些年,也会有这样的感受吧……

166

不过,在杭州第一个连上因特网的,并不是马云,而是一个叫彼德的老外。

1995年初,美国人彼德来到杭州一个外贸公司就职,刚来没多久,就提出来要上因特网。然而让他惊愕的是,杭州市电信局说:"杭州目前还没法提供这项服务。"

幸好这一年的5月17日，杭州就接入了互联网，5月29日，杭州电信局受理了彼德的申请，彼德拥有了一个登记号——I95001，成了这个城市第一个能上网的个人。要过十多天，才有一个叫秦亮的杭州人去申请入网，到那一年年底，在杭州电信局申请入网的因特网用户有二百二十一个——这里面，当然也包括了马云。

同样也是这一年，西湖边开了一家提供上网服务的咖啡馆。这是杭州历史上的第一家"网咖"，这家叫"蓝山"的咖啡馆至今仍是杭州城里最老牌的咖啡馆之一。而在1995年，在蓝山咖啡馆里上一小时网的标准价是二十元，收发一封电子邮件，则是五元。

这一年，媒体预测，到2000年，杭州的上网人数能达到五万人。这一年，见诸报端的所有关于互联网的畅想，最大胆的不过是"在未来，每天清晨醒来你做的第一件事，就是打开电脑上网，等待与网络接通，然后开始听音乐看电影……"

167

1996年，马云正在中国黄页奋发的时候，他的偶像也来了杭州。

他的偶像大名叫查良镛，查先生另一个几乎被所有中国人知道的名字是"金庸"。

金庸这一年来杭州，是为了把他的云松书舍捐给杭州市政府。云松书舍从1994年开始动工，前后耗资近两千万元，即便在现在，这也是一笔巨资。而金庸先生在云松书舍建成后，觉得这里太过完美，"独乐乐不如众乐乐"，就决定将书院捐赠给杭州市政府。从此，热爱金庸作品的粉丝们，多了一处寻雅之地。而书舍，因此多了几分侠气。

书舍里有近万册由金庸先生捐赠的藏书，门口挂的对联是："飞雪连天射白鹿，笑书神侠倚碧鸳。"

1996年，金庸先生当然还不认识马云，马云也还来不及向世人告知他对金庸作品的热爱。要到1999年，马云才在阿里巴巴给自己起了一个花名"风清扬"，2000年，马云在香港第一次见到了金庸，之后几天，金庸就接受了马云的邀请，再次来到杭州。

在杭州的这次会面，有一个非常江湖的名称：西湖论剑。

168

2000年，互联网精英几乎都集中在上海和北京。

但金庸先生一声号令，这一年，有五个人来杭州进行了这场"西湖论剑"。

这五个人分别是新浪网总裁王志东，搜狐首席执行官张朝阳，网易创始人丁磊，8848董事长王峻涛，阿里巴巴创办人马云。

为啥只请了五个人？金庸的开场白解释了这个问题："今天的西湖论剑，聚集了王志东、张朝阳、丁磊、王峻涛、马云，就像是华山论剑中的东邪、西毒、南帝、北丐一样。"

细看看，马云起头的西湖论剑邀请的人员也是相当有趣。腾讯的马化腾是第三届才开始出现的，百度的李彦宏要到第四届才出现，从第五届开始出现了外国人，第一个就是美国前总统克林顿，到第六届，马云邀请到了施瓦辛格……

169

杭州人都知道的几个品牌，其中之一是娃哈哈。

尽管娃哈哈的产品线很长很全，但最被大众接受的是两样：娃哈哈纯净水和娃哈哈八宝粥。而娃哈哈的创始人宗庆后，在杭州也是家喻户晓的人物。他 2019 年再火起来，是在小年轻聚集的“抖音”上，因为他被拍到一个人在动车二等座车厢里找座位。这段小视频迅速火了，网友纷纷评论：“如此大佬出差坐高铁还坐二等座，太平易近人了！”

其实老一辈浙商大多如此，朴实、平易近人，就像一罐八宝粥，打开才知道内容有多丰富。

在高铁上坐二等座，也许可以遇到宗庆后

170

说到蝴蝶,西湖边有一只世界上最大的蝴蝶:小百花越剧场。

2019年,在这座美轮美奂的蝴蝶型剧场营业的当天,茅威涛用新版《梁祝》做了剧场首秀,呼应了万千越剧迷对这个"蝴蝶剧场"的期待。更令人惊艳的是,剧场里有一个"酷炫"的3D展映厅,厅里播放着茅威涛的"爱徒"上官婉儿的演出片段。

谁是上官婉儿?这是手机游戏《王者荣耀》里的一个虚拟人物。茅威涛通过动作捕捉、配音等技术,为上官婉儿注入了越剧的灵魂。这个人物上线时的网络话题热度非常高,随之而来的是新生代们对地方传统戏剧产生的浓厚兴趣。

这是越剧小生第一人茅威涛所期待的"破圈",也是杭州这个渐渐成为互联网高地的温婉城市的特征:创新与传统,现实和虚拟,初心和未来,都能在这个城市里很好地融合发展。

一切皆有可能。

171

小时候,家里来了一个衢州保姆。

周末的时候,她央我带她去西湖。

我就带着她,从庆春路一路走走走,走到了西湖边。

快到的时候我指给她看:"看,那个就是西湖啊!"

至今我都难以忘怀她当时的样子:她站在路口望着西湖,忽然笑起来，笑得那么开心灿烂，笑得弯下了腰。

她说：“哎呀，我终于亲眼看到西湖了呀。”

这是我第一次知道，原来，西湖真的有那么美。

172

杭州有好几个花鸟市场。

但最好的花市是菜场的“花档”。

几乎每个菜场都有一个卖蔬菜的档口，随随便便地摆了很多花。买菜的时候顺手买一把，那是极好的。

最得我心的，是夏天时转到这里，买一把荷花，配几个莲蓬。

夏天就应该这样啊。

173

杭州有个街道进行“孝星”评选。

评出来十大“孝星”，请了媒体来报道。

记者到现场一看，嗬，好家伙，十大“孝星”里，九个是女的。

第二天，杭州某报纸上出了一个整版“到底是女儿孝顺，还是儿子孝顺?”。

全杭州吵开了锅。

挺好的，争论谁更孝顺总比争论谁不孝顺好。

174

杭州有个老太太，有一天做饭的时候往窗外一看，发现对面楼里家家户户都在做饭。但是十个窗口里，有七个窗口忙碌的是男生！

老太太特别感慨：看来，时代不同了，现在下厨房的男的更多啊！

第二天，杭州某报纸上又出了一个整版“到底是男人下厨房多，还是女人下厨房多？”。

全杭州再次吵开了锅。

老实说，我是觉得，下厨房的男人最性感。

175

2011年，距罗琳写出第一本《哈利·波特》十几年后，杭州有个中学的孩子们组织了自己的魁地奇球队。他们煞有介事地制定了比赛规则，据看过的人说，整场比赛融合了足球、橄榄球、篮球等的比赛特征。

当然，因为这是一场魁地奇比赛，所以最官方的一条规则是，所有人必须骑着扫帚。

罗琳写第一本《哈利·波特》的时候，最炫的飞天扫帚是2000版，是的，你知道，在Windows 98的时代，2000是个激动人心的数字。

彼时，苹果手机还未面市。罗琳在笔下幻想出一个令人目眩神迷的魔法世界。

骑着扫帚在操场上飞奔的少年们，他们不知道，虽然他们是“麻瓜”,但他们的世界早就充满了魔法。

176

我猜,这也是J. K.罗琳那么久都没有再写下去的理由吧——

如果“麻瓜”也能熟练自如地用起魔法,魔法世界还能拿什么来吸引人们的关注呢?

就算是在哈利·波特的世界里,也没有人发明一种对着手机却满世界跑着抓妖怪的游戏啊。

而且“麻瓜”,真的远比“巫师”更努力。

比如,我妈妈有一个七十几岁的朋友,一直致力于自己造飞机。

你没看错关键信息,一个信息是我妈妈的朋友已经七十几岁了,另一个信息是造飞机。这位七旬老人,退休前是一个医生,他的梦想就是飞上天。

所以退休后,他就开始造飞机,是造真的飞机!

这个天真的“麻瓜”老头,玩了一辈子航天模型,造飞机的最初思路就是造一个巨大的可以载人的航天模型。

他真的做到了。虽然在漫长的过程中,他摔折了一条腿。

但他真的开着那架基本上由来自永康汽配城的零件搭起来的飞机,飞到了约五百米的高空。

没有一个魁地奇的球门在等他,但我相信,他的世界里,有一枚金色的小球一直在他眼前飞舞,带领着他。

魔法打不开的那个世界,杭州“麻瓜”们正在征服。

177

关于斑马线上车让人另一个有名的段子，是说在南山路上，斑马线前一辆外地牌照的车因为没有让行人，被交警罚了。外地司机非常生气："你们是故意欺负外地人的吧！怎么会因为这种事情罚钱！"

于是交警请这个司机和他一起"暗中观察"。外地司机在这条斑马线附近观察了约四十分钟——经过的每一辆杭州牌照的私家车都会在有需要的时候停下来等待行人通过。

外地司机服了。

尽管很多人一开始确实是因为怕被罚，所以在斑马线前停下了车。但习惯一旦养成，整个城市都温暖起来了。

178

每个城市的公交车都有很多故事。

杭州也不例外。不过，在杭州，大部分和公交车有关的故事都比较浪漫。比如K155的故事，就只在杭州发生。

可能只有杭州人会把K155的公交车牌看成KISS。不知道是谁先发现的，反正事情就这么发生了。

杭州的公交车公司也很高兴，有一年情人节，他们真的把K155的电子车标设置成KISS，就这样招摇过市。那天上车的女乘客，还可以获得一朵玫瑰花。

又有一年，杭州的公交车公司设计了一辆“相亲巴士”，把五位男司机的照片挂在车厢里，公开相亲。运气最好的那位，正好是开这辆相亲巴士的司机孟先生。照片挂出来时是七夕，到第二年情人节，他已经和姑娘谈上恋爱啦。

浪漫之都不是说着玩的。

179

杭州城里的第一条公交线是几路？

这题很多人会答错。因为不是一路，而是七路——早在1922年，七路公交线就出现啦。

故事要从一个叫潘宝泉的上海人说起。潘宝泉曾经在上海当过公交车司机，来到杭州后，可能有感于杭州西湖游客很多却没有公共交通，就在1922年组建了一个汽车行，开辟出的第一条线路，属于经典的游客线：在湖滨与灵隐之间往返。这是一条私营的公交线路，路线完全在景区内，票价也不太亲民：特等车和普通车分别要小洋五角和三角。当时杭州中等收入者，每天在饮食消费上也就花三角，可见这条线路主要就是为游客服务的。

要再过五年，杭州的第一条“公营公交”线才出现：1927年，当时的浙江省公路局开通了杭州的一路车，是从拱宸桥开到三廊庙的，接下来陆陆续续又开通了多条公交线路，到了1953年，公交线路公私合营，杭州市公共交通公司成立，原来私营的湖滨—灵隐这路公交车，也被纳入体系，正式成为七路车。

20世纪60年代,七路车延长了线路,改到从城站到灵隐,相比现在的线路,最特别的是,当时白堤上是可以开车的,七路车从城站出发,除了穿过市中心,还会从白堤上穿过西湖。如果一个游客从城站出来坐上七路车,等他抵达终点灵隐的时候,西湖的波光已经印入他心底了。

180

杭州的公交车上,还曾经搞过“把诗带回家”的活动。

有人在公交车上挂满了小纸条,每张小纸条上都写了几句诗。

喜欢的话,就可以摘回家。

和那么多诗一起,慢悠悠地经过西湖,是杭州人独有的福利吧。

181

以前,杭州的公交车上还有售票员,售票员的世界,也是藏龙卧虎的。

但我印象最深刻的,是当年八路公交车上的一位男售票员,如果上学的时候能坐到他的车,那一天运气一定特别好。

因为他特别会唱歌,而且是用杭州话唱,上客下客、排队买票、劝人让座,全部要唱出来,简直是一路欢乐。

后来我们去找他,才知道当公交车售票员前,他是一个军人,上过抗美援朝的第一线,还经历过上甘岭战役。回杭州,做售票员,他心里高兴,就什么都拿来唱一唱。他1988年就退休了。

隔了二十年我们问他："现在还有人记得你，有没有很意外？"

老人家笑眯眯地说："不意外啊，我那么好玩，当然很多人记得啊。"

182

啊，说到报社热线，大约有两年，我的除夕夜是在热线室里过的。

大年初一早上，我接到了很多祝福电话。

有个姑娘说，没什么事，打这个电话就是想和接线员说一声新年快乐。

我当然觉得特别快乐。

183

杭州有个地方叫宋城，算是造得较早的一个仿古城。

我年轻时，父亲的战友当时在江苏卫视，来宋城拍片，叫当时在电台的我写稿。看了我写的稿后，他一拍大腿说："要不你干脆也主持吧！"

我怀着激动的心情披挂上阵录了一个系列的短片。

这天，我沾沾自喜地在树下对着摄像机说台词，边上围了一圈人旁观。

老实说，爽是有点爽的。

然后我听到一个孩子大声问妈妈："妈妈，不是说长得好看才能做主持人吗？为什么这个阿姨也可以？"

明星梦，碎。

184

每年 5 月，西湖边都要办一场音乐节。

这场号称是全中国最美的露天音乐节，绕着西湖换了三次地方，最后定在太子湾。

神奇的是，它比“雨神”萧敬腾还要招雨，每次办音乐节，都会下雨，然后几千人在雨里狂欢，把整个场子踩成泥滩，大家就这样滚得一身泥。没有在西湖音乐节踩过两脚泥，怎么好意思说自己是杭州的文艺青年？

但你可能不知道，2008 年第一次办西湖音乐节（也是杭州第一次办露天音乐节）的时候，场地批下来，被要求一定要卖座位票。同事们不得不在西湖天地的草坪上放满了白色的塑料椅。

下午的时候还有人坐，夜幕降临，灯光闪起，整个舞台像西湖边一个玻璃盒子，老狼唱得高兴了，所有人都站起来欢呼。

第二年，公安部门就默认了音乐节是不需要椅子的。

但是大家都没想到，老天爷也默认了西湖音乐节是会下雨的。

185

2008 年“五一”劳动节，杭州街边第一次出现了公共自行车。

在那一年，这还是新鲜事物。运营第一天，公共自行车一共被借出去三千八百三十六次。

后来，公共自行车就成为杭州人的宠儿，甚至成为杭州人的骄傲。

2017年初，也不知道是哪个有心人统计的，找到了一辆编号为1505174的小红车，它在2016年被租出去最多次，一共五千六百一十六次。

总觉得，这也是只有在杭州才能发生的事情呢。

186

在灵隐附近开了一家星巴克。

杭州人笑死了，表示以后去喝咖啡，可以点个“大慈大杯”。

事实上，那家星巴克开在灵隐停车场附近，离灵隐寺还有很长一段路呢。不过地点倒颇有曲径通幽之意，可惜关门关得早，晚上八点以后就不营业了。

杭州的星巴克，风景最美的那家在西湖天地，就在湖边，有很大的玻璃屋顶。我有一个朋友在那家店里工作了很久，告诉我，冬天的早上，开门没多久的店子里也没什么人，阳光透过玻璃屋顶洒进来，落在木头桌子上，散发着暖暖的光，那一刻，让他觉得真是岁月静好。

我觉得吧，在西湖边，是很容易岁月静好的。

187

杭州人爱喝茶。当然，本来就盛产龙井茶嘛。

大伯大妈们更讲究，喜欢自己带点茶叶，到西湖边茶室里坐着，点上一杯最便宜的茶，并不喝，而是慢悠悠拿出自己的茶叶，重新沏起来，然后打牌，消磨一天。

也有打麻将的。杭州麻将简单粗暴，没有什么大三元、清一色，只能自摸，比较有变化的是每一局都有随机摸出来的财神，大牌就要靠财神才能打出来。

早些年，桂花飘香的时候，满陇桂雨一带，桂花树下坐满了打麻将的人，蔚为壮观。

郁达夫要是穿越回来看见，不知道还能不能生发出《迟桂花》那般文字。

一记“杠上开花”，大家都喜笑颜开了吧。

龙井问茶

188

说到龙井，顶讲究的当然是明前茶、雨前茶。狮峰山上十八棵御茶树的故事，世人更是耳熟能详。

不过，说真的，你不要问杭州人哪里买茶比较靠谱。杭州人自己也是相当迷茫的。杭州茶叶产能就这么多，要供全国人喝呢。杭州人喝茶，比较在意的还是时间，毕竟这时间有个标准答案啊。明前茶、雨前茶都相当得杭州人喜欢，至于是不是真的龙井，是西湖龙井还是狮峰龙井，唉，没这么多讲究。

和时间一样，杭州人还在意喝茶的地点，比在西湖边喝茶更让杭州人喜欢的，是去龙井附近喝茶。梅家坞、狮峰山、翁家村，春天周末呼朋唤友扎堆往那个方向去喝茶。比喝茶更重要的是边上要有茶农在现场炒茶，现场感马上出来了。而比现场炒茶更招客的是啥？农家菜。

杭州最早最旺的农家菜就在梅家坞，坐在茶园边吃农家菜一度风靡杭州。至于茶农现场炒的茶到底是不是后山上摘下来的，嗯……也不是那么重要。

重要的是那家的鸡，是不是真正散养在茶园里的啊。

189

九曲红梅不是一种梅花，而是一种红茶。坊间普遍的传说是，这种茶是一种由西湖龙井制作而成的红茶，听起来它好像是从龙井中研发出的一个新品种，但其实九曲红梅是有自己故事的。

正宗的九曲红梅确实产自当年的杭州双浦镇，现在那边也确实是西湖龙井二级产区。

可是西湖本来就有龙井专美于前，怎么还会有红茶呢？据说这大概是因为在太平天国时，从福建武夷山九曲溪迁来了一群茶农，他们到双浦镇周边落户，开荒种粮，当然他们也抛不下自己的手艺，开始制茶——浙江原本是只有绿茶的，但是这群迁居到钱塘江边的武夷山茶农，硬生生在杭州做出了九曲红梅。

而且很快九曲红梅就迎来了高光时刻，在当时的各种博览会上斩获了不少大奖，成了民国时各种茶庄里最畅销的品种之一。无论如何，九曲红梅如今也成了一种百年名茶了。

浙江十大名茶里，只有九曲红梅一种红茶，可算是万绿丛中一点红了。两百年过去，沉醉在红亮茶汤里的茶客们可能并不知道，这一泡九曲红梅，最早最早，本是一汪乡愁吧。

190

有一次，我先生开车带我上龙井山。

在杭州年轻人心中，龙井山就是杭州的秋名山，盘山公路有好几个发夹弯。

他带我开过一个发夹弯，速度没有刻意放太慢。然后他坏笑着说，这个是情人弯，会让副驾驶座上的人倒进开车人的怀里。

天哪，我要不要拷问一下他到底带过几个人经过这个发夹弯？

这条路是真的很舒服，开车的人喜欢，骑车的人也喜欢。

不过，话说回来，现在想去试情人弯，是不行了。这条路现在限速四十迈，而且人人都必须系安全带，再急的弯也倒不进旁边人的怀里了。

191

龙井山路路况好，风景好，上坡难度高，是杭州骑行爱好者的圣地。

将近山顶的地方有一家小店，每天晚上这家店的门口都有骑行爱好者在扎堆休息。

不是每个人都能顺利骑完龙井山路的，比如我就从来没有骑上过龙井山顶，最远一次骑到半山腰，气喘如牛，直接放弃了。

骑龙井山路一定要戴头盔，因为下坡太长，很容易出事。

虽然我没有上到过龙井山顶，但从半山腰下来，即便全程刹车，还是像要飞起来一样。

秋天的风很舒服，秋天的桂花很香。那样一个弯又一个弯，这种快乐，靠文字没法分享。

192

还是龙井山，早几年，山顶有一个大停车场，各种跑车爱好者最爱来这里轧车。

山顶反正没什么人，上来的车，排气管都超乎想象的大，音响也都改过,停在那里也不熄火,音乐开到最大声。

有一年,预报有流星雨。想来想去我们就去了龙井山顶。

哇,好热闹!改装车是一定有,人也很多,大家三三两两像是在等电影开场。可是流星雨也没个准信儿,太无聊了,有几个年轻人围在车边,忽然开始唱 RAP:“哟哟切克闹,煎饼果子来一套!”

忽然有人喊:哇,流星!

紧接着那群年轻人里爆出来一声“愿我爸再赚一个亿!”。

也不知道这个小目标后来实现了没。

193

来杭州要带手信回去,除了茶叶,有这么几样可选:丝绸、扇子、剪刀、伞。

杭州丝绸向来有名,是中国国家地理标志产品。

杭州地处鱼米之乡,是著名的生丝产地和丝绸加工地之一。杭州丝织品的历史有多悠久呢?这么说吧,良渚就出土过丝织物。白居易也写过“丝袖织绫夸柿蒂,青旗沽酒趁梨花”的诗句。杭州有条路叫“浣纱路”,不知道为什么一听之下就想到两个词:杭州丝绸和西施。如果要挑手信,去丝绸市场挑小方巾是个很好的思路,去时带个说本地话的杭州人尤佳,真可以买到价廉物美的各色丝巾。当然,品牌货一点也不便宜,杭州最有名的丝绸品牌喜得宝、万事利,你可以参考一下它们产品的价格。

不过作为一个杭州家长,每年让我想起杭州丝绸的,另有其事:杭州小学生有一门必修课，是养蚕宝宝——这门作业每年都让无数杭州家长几近疯狂，也让盒装桑叶成了当地盒马鲜生门店的热销货！

194

2022年春天，杭州的丝绸品牌万事利在杭州潮人聚集的湖滨搞了个未来概念展，让不少年轻人兴致勃勃来参观的，是其中的AI定制——就是说，你完全可以通过输入几个简单的关键词，利用人工智能来订制一条专属自己的独一无二的丝巾。万事利甚至还推出了数字藏品，据说仅仅三分钟，六万个丝绸相关的数字藏品就被抢购一空。

这是古老传统的丝绸行业对新时代的热情拥抱。杭州丝绸早就名扬天下，但要说玩出新花样，还得是这些年——AI定制丝巾当然已经足够特别，但你有没有想过中秋节的时候，会收到万事利的月饼礼盒？又或者过年时收到他们家的文创产品？

一如八百年前的宋韵文化在现在的杭州重获新生一般，杭州人总在努力寻找古老与现代之间的融合点，它可以是一条专属于你的用AI设计出来的传统丝巾，可以是一碟配着咖啡端上来的定胜糕，又或者是在充满时尚气息的湖滨商圈里遇到的那些身着汉服的小姑娘，她们悠然自得落落大方，而旁人也不会投以好奇的目光，因为这里是杭州。

195

相比其他杭州特产，天堂伞也实在太年轻了，是1984年才成立的品牌。虽然年轻,但不含糊,“天堂”商标是中国驰名商标。

为啥叫“天堂”?因为上有天堂,下有苏杭。所以杭州生产的伞,就叫天堂伞。天堂伞成名当然是因为产品本身够优秀,不过它是杭州的伞,也是加分项——白娘子和许仙在雨中相遇,共撑一把伞,撑起了多少人的浪漫情怀。

不过中国人其实是不兴送雨伞的,因为“伞”音同“散”嘛,你看白娘子和许仙,最终也没有走到头。但现在的年轻人不这么想。那天有个小伙子告诉我,他要在七夕送一把好看的伞给女朋友。我大惊失色,说:“不好送伞的吧!”小伙子很疑惑地问:“为什么?送伞的意思是‘我要罩着你’啊。”

好吧,看来用天堂伞的杭州人,一直被杭州罩着啊。

196

罩着杭州人的天堂伞,有一个很厉害的售后服务:终生保修。

是的你没看错,终生。只要你买的是正宗的天堂伞,在它遗失之前,随便哪里坏了都可以拿去维修站修,免费!当然,如果伞面破了,或者你的伞老到实在不能修了,可以在门店里付5—8块钱换一把新的,式样随机。这把换给你的伞,一样保修。

你不住在杭州?没关系,寄到门店同样免费修,还负责包邮寄回。

维修门店在建国中路上。门店不大,雨季的时候要排队。不过也不用担心排队无聊,老杭州们会在排队的时候比一比“谁的伞更破”。伞送到师傅手里,多半立等可取,不需要带什么发票,只要是正品,他们都接。

所以人家叫自己天堂伞,也不是没道理的,对不对?毕竟我真的很少听到有哪个品牌会承诺“终生保修”——连婚姻都不能保证延续一辈子,天堂伞可以。前提是,你不要自己弄丢它。

197

中国折扇很少有品牌的,王星记不好说是唯一的那个,但确确实实是最有名的那个。去杭州步行街河坊街上逛,扇子是基本款的杭州手信,标上“王星记”,会更贵一点,但大部分人不知道的是,王星记享有盛名的折扇,其实不是河坊街上那些缀着花边的绢扇子,而是“杭州黑纸扇”。

杭州这么一个风流胜地,自古以来特产里就有一项是扇子,到了清朝中叶杭州经营纸扇者总计有五十多家,工人之数达到四五千人。在当时,杭州三大特产就是丝绸、龙井茶、扇子。当时的扇子,品种繁多,其中有一种,就是黑纸扇。顾名思义,这是一种用黑色纸做成的扇子,清代学者王廷鼎在《杖扇新录》中记载:“此扇本为仆隶庸人所执,嘉、道间(1796—1850)士商尚不入手,同、光(1862—1908)后忽行于士大夫家,近则王公大臣争用之矣。”

啥意思呢,就是说这种扇子因为扇面又大又厚,甚至有“一面扇子半面伞”的说法,过于实用又朴实无华,所以本来都是劳动人民用用的,风雅之士是不会用它的。但自同治、光绪年后,忽然流行于士大夫之间,再然后,就忽然成了潮流!——时尚这种事情啊,就是这么神奇!

那又是怎么流行起来的呢？我猜，还是和包装有关。可能有哪个文人墨客开始在黑纸面上作画，发现效果别具一格，因此带动了潮流吧！

而创建于1875年的杭州王星记扇庄，老板王星斋有一手祖传制扇工艺，尤精黑纸扇技艺，他娶的媳妇则专精在扇面上洒金，夫妻同心之下，王星记很快击败了同行，成了杭州的标志性品牌。

所以，如果你想拥有一把王星记扇子，记得要买黑纸扇呀。

198

张小泉是杭州人。

张小泉这个品牌，已经有三百多年历史，他们家剪刀之所以名扬天下，就一个原因：质量好。据说在一次剪刀评比中，人们把四十块白布叠在一起剪，只有张小泉的剪刀次次都手起刀落，一刀剪断（显然这是一把很大的剪刀）。当然民间也有别的传说，有说乾隆皇帝下江南，因为避雨进了张小泉的铺子，顺手买了一把带回宫去，后来张小泉剪刀就成了贡品。

张小泉剪刀肯定是贡品这没错，但我绝不相信乾隆会去满是利器的剪刀铺子里避雨！但反正乾隆在江南干的事儿太多了，多这么一件，大家也不在意。

张小泉剪刀为啥质量好？因为制造张小泉剪刀用的是龙泉钢，还有大井巷里的井水。大井巷里，现在开了好多咖啡馆，是闹中取静的好去处。

杭州四大纪念品：丝绸、伞、扇子、剪刀

199

董卿做了一个叫《朗读者》的节目，请各种有故事的人读出他们的故事。

为此，节目组把一个像电话亭一样的装置放在各个城市里，欢迎大家像打电话一样进入亭子朗读。

杭州是第三个有朗读机会的城市，这个亭子去了杭州图书馆、城市阳台、学校……所到之处，都排起了长队，人们蜂拥而至，从白天到黑夜，读诗，读信，读故事，甚至有人读了一段有关量子力学的内容。

2 月末的杭州忽然变冷了，节目组的人简直惊呆——既想不到江南的早春这么寒冷，也想不到杭州人这么有文化，对朗读这件事这么有热情，为了朗读两分钟，愿意在寒风中排队三小时。

有人说，这有啥稀奇的，杭州人本来就最不怕排队了，越是要排队的事情，越爱做。

不相信，去“外婆家”门口看看好了。

到了用餐的时间，“外婆家”门前总是排起长队

200

杭州人为啥不怕排队？

有个专用名词可以解释这件事——“杭儿风”。意思就是杭州人很爱凑热闹，干啥都喜欢一窝蜂。

老实说，这个词颇有贬义。“杭儿风，一把葱，花簇簇，里头空”，说的就是“杭儿风”看起来闹猛（热闹），实际上一阵风刮过，啥也没留下来。这个词最常用在消费领域，比如胖大姐臭豆腐啦，胖子烧饼啦，银泰里面阿迪达斯打折啦，联华超市大抢购啦……记得那年日本核泄漏，不知道谁传的，说吃碘盐可以防辐射，于是杭州人突然开始囤盐，有人囤了好几百斤，不但一辈子吃不完，下辈子估计也吃不完。这就是典型的“杭儿风”。

倒也不是所有的“杭儿风”都是一阵风啦。

杭州人马云就把“杭儿风”用得炉火纯青，他刮起来的那股“杭儿风”，叫“双十一”。

你过“双十一”吗？

201

《红楼梦》里，宝玉要清理残荷，宝姐姐说，自从进了园子，我们何曾饶了这园子一日，哪有空来清理残荷啦。林妹妹就不高兴了，表示自己就很喜欢残荷意境，于是宝哥哥立刻宣布，留着留着，谁也不许拔残荷。

事实上宝哥哥虽然很了解香草界的各种知识,但水生植物这方面对他而言还是有点超纲的。为了让来年荷花开得更好,残荷还是要在特定时间里进行清理的。像西湖荷花,之前都是每年 11 月开始清理。

到了 2011 年 2 月,杭州市民却忽然醒悟过来:咦,今年的残荷还在啊! 整个冬天,残荷在湖面上倒映成一幅幅绝美的画,吸引了无数人冒着冷风来拍照。西湖水域管理处的工作人员笑眯眯地和记者解释:"快了快了,我们马上就要清理了。"

往年冬天,经常会听到游客们像林妹妹般地遗憾:明明冬天的残荷最好看了,你们为啥那么早就收割啊。水域管理处的同志们想想,有道理啊。要么,冬天过完再来收?

这一年,他们先留下了断桥边的残荷过冬天,后来渐渐地,整个西湖十六个荷区都这么处理。要到每年 2 月,才会通过各种渠道昭告大众:"我们从周末开始要清理残荷了!"并且会公布清理时间和路线,整个周期要半个月,如果想拍西湖残荷的照片发朋友圈,尽快啊!

西湖的落叶和残荷,都是因为美而留下来的。这毕竟是一个每年西湖残荷的清理都会上各种头条的城市啊。

202

说到头条,西湖是当之无愧的头条王,一年三百六十五天,西湖上有个啥风吹草动,很容易就上头条,这真是要气死汪峰的节奏。

有一年,西湖上头条是在 7 月间,全杭州的"吃货"都忽然在转发一个消息：今年“西湖六月黄”不太吃得到了！因为那几年，西湖里养了很多新的水草，水域管理处为了保护水草，这一年放鱼苗的时候，就有意识地少放了一点蟹苗，这就导致“西湖六月黄”收得很少，严格意义上的“西湖六月黄”，一天只能收两斤，你想想，一天两斤，能够谁吃啊……

所以“吃货”们很悲伤。其实坊间也有“六月黄”，但“西湖六月黄”是杭州“吃货”们的一个小小执念。

203

“六月黄”是大闸蟹界的“小鲜肉”，但也不是每个人都能欣赏它的好处。世人到底还是更喜欢到10月吃个膏满黄肥，“六月黄”虽然有个“黄”字，但人家根本还没有完全长大呢，只能说鲜——小半年尝不到蟹味，怎么都鲜了。

是以苏浙人真的很爱这一口，也开发了很多“六月黄”的食谱，基本上以炒为主，甚至有做汤的，取其鲜味，唯独不能上笼蒸，太慎重了，有点承受不住。

“西湖六月黄”有没有比其他“六月黄”更好吃？

我觉得吧，主要是因为比其他“六月黄”更难得。

你看，不过多种了点水草，螃蟹就必须退避三舍了啊。

至于有没有西湖大闸蟹？哪里会有！

没有一只螃蟹能在西湖里活到秋天！

204

西湖里出产的东西其实蛮多的，不过真的不产珍珠。现在的西湖景区，也并不生产藕粉。

除了“六月黄”，你还能在离西湖最近的东山路菜场特定摊位“西湖鱼亭”买到西湖里的鱼。这是老杭州“吃货”才知道的，“六月黄”当然是“秒杀”级别的，但其他湖鲜还蛮有的选，鲢鱼河虾包头鱼，和其他地方产的鱼价格也没什么两样，说到底，它们也就是普普通通的鱼啊。

相比西湖里的鱼，西湖莲市才是真正传奇般的存在。游客们夏天到湖边，偶然会碰到街边挑着担卖的莲蓬，以为是西湖里产的，实则不然。西湖里确实产莲蓬，也真的会卖，但根本不可能挑个担子在湖边卖。

205

那么西湖莲市又是怎么运营的？每年暑假，大概早上八点半，断桥边会有水域管理处的小船载着一船莲蓬荷叶来卖。是的，只有莲蓬和荷叶。有多少？要看当天情况，因为这里卖的荷叶都是管理处的工作人员一早采的，主要是为了把过高过密的荷叶摘掉，露出被荷叶挡住的荷花供游客更好地观赏。至于莲蓬，西湖里的荷花是观赏系的，莲蓬是典型的副产品，根本就是随缘的，没个定数。

所以，所谓西湖莲市，其实就是一条小船，也不是每天都来，周末就没有了，下雨天也没有。江南夏日多雨，是以整个暑假莲市出没的时间也就三十来次，碰到就是运气！

那八点半开张的西湖莲市，九点去，还有的买吗？

朋友，你想多了。热爱西湖里产出的一切的杭州大伯大妈们，基本上凌晨四点就开始来排队了。七点钟会有人自发地发号子，一般发到三十号，再后面的大家就会劝他：算了，你肯定买不上了，别等了呀。

三十一号很可能不死心，一定要等。载满莲蓬的小船也很懂，一般会搞限购，每人只准买十块钱的荷叶、十块钱的莲蓬。荷叶两块钱三张，莲蓬十块钱四个。杭州“老炮儿”们估算得很准，一限购，大家都买最大限额，三十一号差不多是没戏了。

但好不容易排了这么久，很被人同情，多半就会有人分他几张荷叶，也算共度过一个早上……

206

西湖莲蓬，老实说，和“六月黄”一样，专业分是不太够的，只是胜在新鲜。初夏早上刚采下来的莲蓬，完全可以当水果吃，莲心都可以直接嚼。

荷叶就很有用了，整张的可以用来做叫花鸡、粉蒸肉——当然家里做叫花鸡的极其罕见，但做粉蒸肉，就分外江南了。晒干后剪碎，还可以泡茶喝。十块钱买十五张荷叶，可以用一年，所以西湖莲市虽然这么神秘热闹，但大家都很是和气。经典行程是掐着四五点的时间到，领个号子，顺便就把日出看掉了，同步发个朋友圈，既赏了美景，又买了限量版西湖特产，简直完美！

当然，如果你有认识的杭州摄影圈的大叔，也可以委托他们。

毕竟，对这些拥有长枪短炮的大叔而言，日出和日落时分的西湖，本来就是他们的主战场。

207

话说有一次，杭州正好是看月全食的最佳地点之一。

浙江卫视正好有个团队在拍西泠印社的纪录片，于是我就拜托他们，晚上一起去拍月全食。

结果西泠印社山坡上并没有太多开阔地，树丛茂密，蚊子很多，并不是看月全食的好地方。凌晨三点我就从山上下来了，出了门走到西泠桥一带，嚯！西湖边一排长枪大炮！再一看，基本上全是大叔，目测都已经是退休年纪，装备齐全，有的还带了小马扎和暖水杯，要打的是个持久战。

月全食差不多结束，等我再去西泠印社里接上同事回转到西泠桥，大叔们还没走，转了个方向，朝东边架着一排长枪大炮，这是要拍日出了。

最懂西湖之美的，可能就是这些扛着长镜头的大叔吧！

208

那天陪我半夜从西泠印社下山的，是西泠印社的小保安。西泠印社晚上是不对外开放的，托浙江卫视纪录片团队的福，我夜访了一回。

结果基本啥也没看到，太黑了，光顾着注意脚下了。小保安一路讲着鬼故事，一边提醒着我注意台阶，开门放我出去。西泠印社一推门就是西湖，我走了几步，站在湖边看红月亮——月全食已经到了食甚时分，暗红色的圆球飘浮在空中，但下面印着一汪湖水，这暗红并不阴森，反而格外温柔。

我发了一会呆，忽然听到有人说：美吧！

刚听完鬼故事的我吓了一跳，一转头，正是那个小保安。十八九岁的小男生，正用痴迷的眼光望着那个月亮，一边说："我来这里大半年了，太美了，这个地方。春秋天的早上和黄昏是最美的！真的，我一来杭州就喜欢上这里了！"

这一带湖岸，柳枝垂得很低，没有大叔在这里架相机。刚才还一脸幸福的小保安，忽然一笑，用下巴指着西泠桥人声鼎沸的方向："那里才有故事呢！那些人不知道！"

209

高考那年暑假，表姐说："家附近庆春路上新华书店里，有个员工休产假，要不你去实习吧。"

彼时，新华书店开架的书柜只有一两个，大部分书都在柜台里。我每天放学会转去看看，通常买不起什么书，真的只是看看，多半不好意思久待，因为营业员随时会用一种"你怎么还不买"的眼光扫过来。结果天上掉下来个大馅饼砸在我头上，我简直幸福得要冒泡了。

那个夏天特别热，街上都泛着白光，也没什么人顶着日头出来。我每天泡在柜台里，用两天时间就记住了大部分书摆放的位置，没客人的时候就拣自己喜欢的书看。那大概是我看书看得最多的一个夏天，乐得我把糟糕的成绩单都彻底忘记了。

所有的顾客里，我到现在还记得的有三个人。一个是对面文具店里售货员的小女儿，圆脸大眼睛，每天准时来到柜台前，挑一本书，站着看完就走了，大概算是她的休息时间。一个是和我差不多年纪的姑娘，站在柜台前犹豫了很久，喊了我一声“阿姨”，吓得我差点栽个跟头。最后一个，是当时喜欢的男生，“偷渡”了一支棒冰进来给我，又在柜台前笑眯眯地看了一圈，挑了一本余光中的《新月与孤星》，付完钱走回来说：“送给你。”

后来，庆春路重修，小新华书店搬走了，解放路上的新华书店变成了巨大的购书中心，取消了柜台，书架全开放，一到假日，书架下坐满了看书的人，不再有营业员盯着他们瞧。

但是那个夏天，还是在我记忆里，微微泛着白光。

210

杭州是个遍地书香的城市。

就在这两年，除了大型的书城，在杭州还多了很多的各有特色的小小书店。大型综合体里必备特色书店，这就不消说了，街头巷尾、景区、医院、博物馆……转角遇到小书房，是在杭州很特别的体验。

这些书房体量都不太大，所谓书房，除了售卖图书，更多承载了社交功能——很多书房都兼卖咖啡，有空间可以做活动：读书会、沙龙、展览、演讲……

更令爱书人惊喜的是，不少书房的“颜值”都超高，而且各有特色：弥陀寺文化公园明远书院，后院有着杭州最大的摩崖石刻；梦泉书院开在虎跑，一百多年前，这里是弘一法师住过的寺庙厢房；隐士书房主打音乐主题，聚集了好多音乐发烧友；浙大儿院内有一家“拾光图书馆”，是专门以儿童阅读为主题的，特别温馨……

211

复兴南街上就有一家很特别的书房。

它就在南宋皇城遗址附近，有意思的是，这家书房的名字就叫“有意思”。

而更有意思的是，这个书房的前身，是一个城管储物仓库。由仓库改建而成的书房，是不是很有趣？这里既能看书、买书（不过空间不大，售卖的图书并不多），还能像在图书馆里一样借书或者自习。书房里的书，有三成是由图书馆配送的，只借不卖，如果你之前在杭州图书馆借过书，也可以直接还到这里，是不是很方便？

这里是杭州城南最具烟火气的一片老街区，附近的网红“打卡”点不是那些很容易拍出大片效果的咖啡馆、蛋糕店，而是十分接地气的“小狗面馆”。书房门前是老街，门后是中河，一楼有咖啡，有桌椅，有自主开发的小小文创产品。闲来无事，散步到这里坐下来，就着闲书喝杯咖啡，是专属这个社区的幸福感。

要不要一起去书房呢？

212

在杭州这么多有个性的书店里，晓风书屋必须排得上名号。

1996年，晓风书屋在体育场路上开出了第一家门店。二十多年过去了，用书店主理人朱钰芳的话来说，体育场路上的晓风书店总店，地板都已经被爱书人来来回回“盘出了包浆”。

总店的店面并不大，朱钰芳仍然挤出了一小块空地，用来安排各种读书活动。经常有作家应邀到店里与读者面对面，那时狭小的空间里就挤满了人，“高朋满座”就是用来形容这个场景的。热闹，但并不喧嚣，因为爱书人自有一点小小的矜持。

有关晓风书屋的故事很多，来来往往，自有无数文人墨客。但在我看来，晓风书屋的暖，却另有落脚之处：在医院里。

2016年的时候，晓风书店应邀把书店开进了浙江省人民医院大楼——不不不，书架上并没有什么专业医疗书籍，走的是晓风书屋一直以来的文艺社科路线。试运营的时候，有来这里买书的病人及其家属提了个建议：能不能安装几个输液吊瓶架啊？

冷冰冰的输液吊瓶架，就这样架进了书店里，很多病人的输液时间，因此染上了一缕书香。

这应该就是独属于晓风书屋的温暖和浪漫吧。阅读，本就应该是一件家常小事，可以刻进时间里，就像吊瓶里的水，一滴一滴，慢慢成为人们生命的一部分。

213

酒店大堂里设个小书吧，算正常操作。但是像新侨饭店这样，把几乎整个大堂改成一个书房的，还蛮少见的——这间“新侨·有意思书房”由艺术家精心设计，空间设计上强调了参差错落的波浪形，就像流动的书卷一般。不仅如此，酒店上下各个空间，都散落着书本，就像酒店在客人用餐后会奉上的那一小盒薄荷糖。随处可见的这些书，是酒店不动声色的小小心意。

新侨饭店在解放路上，离西湖有多近呢？几乎抬脚就能到。偏偏它建得早，1987年就落成了，所以是很少有的西湖边的高层建筑。酒店的餐厅在十七楼，如果运气好，订到了湖景包厢，进门的那一瞬间就会被惊艳到：你会以为酒店的墙上挂了一幅巨型的西湖山水画，但其实窗外就是西湖本“湖”，四季四时流转的风光各有不同。

不过相比包厢，我更想推荐的是他们家十楼的露台，这真是西湖边我最心爱的一个大露台！露台正对着宝石山，杭州初夏的黄昏，最容易看到晚霞。点一杯茶，面对西湖，坐看云起，看着霞光一点一点映红天边……或者干脆有点雨时坐进酒廊里，外面就是烟雨西湖的水墨长卷……面对着这样的西湖，真是可以与一切和解：不管是这个世界，还是你自己。

214

大学毕业那年，杭州出现了一个新的电台，叫“西湖之声”。

那个时候,我们不知道这意味着开启了一个电台的新时代。只知道二十四小时不停播,主持人不再正襟危坐播音乐念稿子,听众可以直接打电话进去点歌,以流行音乐为主的电台实在是太牛了,真是闻所未闻。

那一年,还有一个流行歌手叫郑智化。他有一首歌叫《三十三块》。

隔壁班的男生在毕业前去进了一批当年最时髦的火柴盒大小的立体声收音机,在学校门口卖,三十三块钱一只,还借了一只录音机,循环放那首歌:“我的口袋,有三十三块……”

我买了一只,打开了新世界的大门。

后来我就去电台工作了。

215

我工作的电台,频率是 FM 91.8。当时还不叫“交通之声”,而是叫“经济之声”,主打经济金融。

那年我去朋友家吃饭,他家住在五楼,我从一楼爬到五楼,家家户户飘出来的广播声音都是 FM 91.8 的股票分析。

我与有荣焉地想:“啊,这收听率真是太好了。”当年,炒股的人都还蛮喜气洋洋的。

但我主要不是想说这个,我想说的是,作为一个以经济为主打的电台,我们的台长也很有经济头脑,但他居然从一开始就在台里放了一档节目叫《现代温馨》,每晚十点,读诗。

那是席慕蓉大红大紫的年代。读诗的主持人叫大卫，声线相当迷人，每天一小时配乐诗朗诵。听众（特别是女听众）的信雪片似的飞来台里，不是为了点播歌曲，而是为了点播诗。

现在回过头去想想，杭州人会为《朗读者》着迷也是可以理解的。

因为这本来就是一座爱诗的城市啊。

216

西湖作为著名景点，一般人都会觉得湖边围满了外地人，而本地人应该不太去湖边。

其实不然。一方面，西湖就在市中心，本地人办个事很可能会经过西湖；另一方面，很多人早些年可能还觉得去湖边算是一件事，这几年，运动风气盛行，整条苏堤半条白堤都禁止机动车出入，“刷”西湖渐渐成为一种时尚。

很多资料上都写，西湖周长约为十五千米。“刷”西湖的经典线路，其实是不到这个长度的。从西湖天地这里出发，过长桥，经雷峰塔，再拐入苏堤，一路疾行，翻过六座桥，经过晚上就会歌舞升平的“印象·西湖”现场，再右转走过一小段湖边，经过偶有人凭吊的苏小小墓，翻西泠桥，沿白堤一路赏景到断桥，再沿着湖边走，运气好可能会碰到音乐喷泉，集贤亭也值得驻足略观，最后回到西湖天地，这一圈，大概是十点七千米。如果走大圈，不从苏堤穿过西湖，而是绕去杨公堤，我走过一次，超过十三千米。这两个圈的长度，无论是跑步还是走路，都是刚刚好，能出一身汗，又不至于太累。

这几年，还流行用运动软件画步行轨迹图，西湖的形状加上里面两条堤，看起来刚好像一朵含苞待放的玫瑰花。这下好了，每年情人节都有很多人进行“西湖玫瑰跑”，从虎跑出发，一张图跑完，差不多二十三千米。用一个半马的距离证明爱情，这波操作，也是很西湖了。

217

宝石山上产的宝石，曾经是杭州的一个笑话。

说的是以前，旅游市场管理比较混乱的时候，“西湖一日游”项目里，除了带游客去买茶叶，买“宝石山上产的宝石”也是一个项目。

现在当然没有这样的店了。不过，以前真的有人相信宝石山上产宝石，试图去山上捡一点回来……嗯，只能说天真是很美好的天性了！

宝石山为啥叫宝石山？这里的山岩呈赭红色，含氧化铁，所以岩体中有许多闪闪发亮的红色小石子，斜阳下会分外耀目，仿佛数不清的宝石。宝石山因此而得名，新西湖十景之一“宝石流霞”的出处就在于此。

不知道是应该惋惜还是庆幸，现在从断桥上望宝石山，绿树成荫，并没有裸露在阳光下闪闪发光的石头了……

218

宝石山上虽然没有宝石，但有巨石。

在我小时候，学校出游必去的地点之一就是宝石山，反正春游或秋游总得去一次。

山顶最著名的巨石，叫蛤蟆峰，就成为大胆的同学们最爱攀爬游戏的地方。现在看看，怎么敢上去啊！但年轻人仍然很爱爬这块石头，而不少新杭州人在杭州爬的第一座山，就是这座山。中秋赏月了，看流星雨了，赏日食月食了，这种时候，很多杭州人第一时间想到的就是宝石山顶。摄影记者在这种时候想要拍点照，从不会落空。

小时候去宝石山一带，还有一个必去的景点，叫初阳台。顾名思义，这是西湖边最适合看日出的地方。但懒惰如我，从未在日出前抵达这里过。初阳台这里有个亭子，妙的是，来这里野餐的人很多，可能因为登高望湖，胃口也会比较好吧。

宝石山临湖，又不算高，初阳台又是个地标，所以这里也是杭州经典登山线路里的一个必经之地。很多晨练的老人，天天要到这里报个到。

219

西湖边有座宝石山。山南的平顶，有一块巨大的通体布满了方形榫眼的石头，据说这是秦始皇系缆石。

传说始皇南巡，沿水路而下经钱塘江，忽然狂风暴雨大作，所以他把船系在这块石头上避风。

是的，西湖原来是和海相通的，在始皇南巡的时候，还没有西湖，这里乃是大江大海。

沧海桑田，莫过于此。现在这块石头在山顶，守望着这座城市。

在漫长的岁月里，它曾经被雕成一尊大佛受到香火礼拜，最终又还原成最初那块石头的模样，任孩童在那里嬉戏。如果你不知道，它也就只是一块石头而已。

杭州人也没有太在意它。沧海桑田啊，但美不过当下。

220

说起来，晨练的老人，很多都有大声喊叫的习惯。有一天，一位读者打进热线，说经常在苏堤上遇到一位老伯伯，走一段路就喊一声，中气十足，听起来像是“来得好”。好奇心爆棚的读者听了好多天，终于忍不住打电话给报社，想问问这个老伯伯到底在喊啥。

报社还真找到这个老伯伯了。老伯伯叫徐阿定，这年九十四岁了，面色红润，神完气足。他在西湖边晨练很多年，因为独特的“走一段喊一声”的锻炼法，成为西湖早晨的名人。

那么徐老伯到底在喊啥呢？经徐老伯本人证实，是“来了好”，意思是“来了就好”。徐老伯说：“西湖边晨练的大多是退休老人，只要来，就是好的，只要能来，就证明人是好的——来了好！”

221

徐老伯的晨练线路是这样的：先爬宝石山，登上初阳台，从栖霞岭下山，经岳庙、苏堤打个来回，曲院风荷转上一圈，再坐车回家。中途经过曲院风荷东面的玉带桥时，他会休息一下，吃点干粮。

这一圈，毛估估总有十千米的样子，中间还要登高，还要走一段大喊一声，徐老伯的身体，可以说是相当好了。

222

报社里跑气象线的记者，多半要有一点看云识天气的常识。

部门宝典是一本很厚的《看云识天气》。

不过，这种书如果被当年的西湖船娘看到，是会被笑话的。老底子没有天气预报，看天吃饭的西湖船娘怎么办呢？毕竟一叶小舟，顶怕突然而来的大风大雨啊。

但她们有一辈辈划船人的传帮带，有一套专门适用于西湖的看云识天气的方法：

西边乌云过来了，乌云下面还有雪白一条云的，这就说明暴风雨马上要来了，可能几分钟内就会到。要赶紧把船靠在苏堤、白堤的边上往前划，不行的话可以马上靠岸。

如果乌云是从北面宝石山飘过来的，雨也会来得很急，要抓紧时间向岸边划。

但如果乌云是从东面或南面雷峰塔过来的，雨就来得比较慢，如果船上有客人，还可以看情况把客人送送到目的地。

我把这个介绍给气象记者，他们表示，有难度啊，因为身为城里的年轻人，基本不辨东西呀。

223

浙江大学之江校区，在我读大学的时候，叫“三分部”，位于当时看起来相当远的钱塘江边，算是相当神秘了。

事实上，要很久以后，我才知道“三分部”的传奇。

其中的一个传奇，就来自朱生豪和宋清如。

朱生豪和宋清如是杭州之江大学（浙江大学之江校区的前身）的学生，两个人在之江大学诗社的迎新大会上，第一次见面了。

之江校区真的是很适合谈恋爱的地方，两个人就在那里开启了他们的爱情传奇。传说中的之江十二景里，情人桥和情人谷都在之江大学，也就是“三分部”里。

情人谷就在校园深处，谷上有桥，应该就是情人桥。

“夜与雍如倚情人桥听水，繁星在天，万绿如梦，畅谈甚久。”词学大师夏承焘在《天风阁学词日记》中写过这么一句。

站在“万绿如梦”的情人桥上，无论如何都需要谈一场恋爱来衬着层层叠叠的绿吧。

224

杭州人爱苏东坡的体现之一，是杭州有一条以东坡命名的路，叫“东坡路”。

东坡路离西湖不远，清朝时那一带是旗营，民国初拆旗营建路，才起了“东坡路”的名字。

不过，最近一次东坡路上热搜，是因为东坡肉。

东坡路上倒不卖东坡肉，但它有个公交站台。杭州的公交车，报站名那是相当洋气，中英文各报一遍，“东坡路”的英文站名就是“DONGPO ROAD”。

网友表示，这个站名，一听就是“东坡肉”，让人把持不住地流口水啊……

225

习惯在杭州生活的人，偶尔出远门，是会有不习惯的时候的。

有一次我们去广州佛山玩，一群人奔进老牌双皮奶店点双皮奶吃。柜台里的大姐很热情地介绍各种甜品给我们之后，顺口问：“你们从哪来的啊？”

“杭州！”

“啊！”大姐很警惕，立刻抬头看着我们，“我们这里是收现金的啊！”

杭州人很惆怅，开始翻口袋，最后在某一个同行者的证件夹里找到了应急的一点钱。

226

那么多人选择留在杭州，每个人都有自己的理由。

而在杭州生活的方便度，肯定是理由之一。

比如，杭州是国内首个公交地铁移动支付全覆盖的城市。啥意思呢？就是说从2017年底开始，在杭州，坐地铁不用先买票，进站时刷一下支付宝地铁付款码就可以了，出站时再刷一下，支付宝就自动完成了收费计算，简直方便得“令人发指”！

227

在杭州还没有地铁的时候，我有个朋友就憧憬过有地铁的未来：有地铁的地方，帅哥美女都会多一点！我问他这是为啥，他说，挤公交车，可能会很难注意形象，上班高峰挤公交有时候是很“危险”的选择，但是地铁不一样，衣冠楚楚地通勤会是地铁常态，想想就会觉得赏心悦目啊！

这憧憬过了不到十年，杭州开始造地铁了。不过短短几年，杭州地铁交通线一直从一号线，排到了二十几号线！

这么打个比方吧，以前良渚对市中心的人来说，交通上特别不友好，太远了。2021 年，我朋友的公司因为种种原因从交通便利的城西搬到了良渚，她觉得有点对不住公司的小朋友们，万万没想到公司的小朋友们都很高兴——新公司就在地铁站边上，实在太方便了，良渚又那么美，小朋友们天天在朋友圈兴高采烈地晒窗外美景。

想起我小时候去德清，最常用的方式是坐船，要坐很久很久，花好多个钟头才能到。而现在，十号线的规划里，终点站就在德清。

地铁能抵达的地方，都是站点，不算远方。

228

越来越多的杭州人选择地铁出行，杭州地铁也变得很会玩。2017 年的时候，网易云音乐在全国的地铁里都刷上了网友在 App 里写的听歌感言，“刷”爆了朋友圈。2018 年，有个视频公司也在杭州地铁上玩了一波文案，在杭州地铁车厢里刷满了各种人对杭州的留言，叫“一句话证明你懂杭州”。

结果全杭州都乐了，许多乘客掏出手机狂拍来发朋友圈。

毕竟这么大规模对一个城市发出另类告白的活动是少有的。

我摘几条你们感受一下：

“杭州的冬天，等待两个月，下雪五分钟。”嗯，这一位对杭州冬天的见解相当精辟了。

“在杭州习惯了车让我，去外地，我怕被车撞啊！”很多杭州人确实觉得在杭州的路面上，更有安全感。

“在杭州，手机没电＝身上没钱。”所以在杭州几乎每一家公共餐饮店里，现在都有共享充电宝提供，没现金可以，没电不行啊。

“连街边卖红薯的老大爷都分分钟给你掏出一个二维码。”别说老大爷了，我爹都在餐桌下放了一个二维码，我一直疑心他期待着我们扫二维码付饭钱。

“这是每年第一株桂花开，都要上新闻头条的城市。”嗯，这是报纸读者无疑了。

…………

229

一句话证明你懂杭州，一地铁车厢的话，证明的就是大家有多爱杭州。

其中有个浙江工商大学的学生留了这么一句话：“我们学校的厕

所是有纸的!”

别说浙江工商大学的厕所了,从理论上来说,杭州的每一间公共厕所,都应该有厕纸,这是杭州市对公厕的统一要求。

不过,怎么保证每个厕所里都有厕纸?遍地都是科技公司的杭州,为此也是拼了。其中一个解决办法是改造一批新的智能厕所,顶顶智能化的一点是“刷脸拿厕纸”。在刷脸机前站三秒钟,就出来一段九十厘米长的厕纸,这样既能保证人人有纸,又能杜绝浪费。

是的,在杭州,上厕所也可以靠脸了。

当然,也有小限制:十分钟内只能刷一次脸,拉肚子的话可能有点危险。

230

与刷脸拿厕纸比起来,在厕所革命上更先人一步的,是杭州新推出的概念:潮汐厕位。

潮汐车道我知道,啥叫潮汐厕位?原来,考虑到大部分时候女性对厕所的时间与空间需求都更多,杭州有好几个新改造的厕所,都设计了一部分特别的厕位,根据用厕高峰时段的需求,可以随时改成男厕位或者女厕位。

是不是有点像日本温泉的操作?同一口“汤”,在不同时间分别是“男汤”和“女汤”。杭州用最小的成本,将厕所改造得更合理了。

毕竟,这是一个很愿意创新的城市啊!

231

每过一阵，杭州的路名就会被新老杭州人翻出来炒一炒。

比如教工路就有一个笑话，说是新杭州人问到这条路的时候都会有点晕，问："这叫什么路？""教工路啊。""我知道叫公路，我问的是这是什么路？""不是说了教工路吗？"……

不过，在各种关于路名的段子里，最有趣的还是关于钱江新城一带的钱潮路的。这条路在钱塘江边，想必起名的时候就是贴着钱塘江起的，但不知道为什么，路牌上的英文翻译是"MONEY-IS-COMING ROAD"——钱正在奔来的路上！

很可惜后来这个路牌上的翻译被改掉了。要我说，干吗改啦，多好的寓意啊！我愿意天天去这条路上走一走。

232

2004 年 7 月 30 日，阿里巴巴副总裁金建杭就刚成立一年的淘宝网说："2004 年或可称为中国的'网商元年'。"那一年，后来声名远扬的杭州城市论坛"19 楼"在位于杭州日报报业集团老大楼第十九层的《都市快报》专刊部办公室成立。很多杭州人的第一单网购，并不是在淘宝网，而是在"19 楼"论坛里的一个子板块"BB 大卖场"。

说起来，为啥要叫"19 楼"？

当时"19 楼"新鲜玩意儿玩得很欢，几乎每个热门的类别都开了各自的 BBS，比如汽车的"拉风 E 派"，美食的"美食狗仔队"，亲子的

“BB 大卖场”……后来报社领导说，要把所有的 BBS 都做到一起，做成一个综合性论坛。起名的时候相关人员犯了难，每个人提了自己的意见，最后定下来的名字就叫“19 楼”。为啥呢？因为他们的办公室就在十九楼啊！

“19 楼”

233

关于杭州高科技产业比较新的故事，是关于一个房东的。

说有个年轻人来杭州创业，想不出啥好点子，就想做二房东赚钱。年轻人手头钱不多，在下沙的阿里巴巴公司菜鸟物流产业园边上租了五套房子，打算从此专职做二房东。下沙，创新企业扎堆，他租的房子正对着看起来最大的一个产业园，想必房间应该很好租出去。

房子马上就要装修好了，招租信息发布出去，却一直乏人问津。小伙子非常焦虑，这天就去菜鸟驿站物流产业园附近再次踩点，这一踩点真是万万没想到：看上去这么庞大的产业园，基本上是全自动的，每个仓库员工最多不超过三个人……

这个新闻一出来，菜鸟驿站的公关就迅速来蹭了一波热点，向大家公开了一部分仓库动图：真的全部没有人……

这不是物流机器人第一次“爆红”。上一次“爆红”的是海康威视的快递机器人：那一只只像扫地机器人一样“蠢萌”的小圆饼可以灵敏地把快递分拣，送到不同的地方，中间遇到彼此还能互相让个路……

杭州人看来要慢慢学会和机器相处啊。

234

你可能想不到的是，龙井茶有一年上头条，也是因为高科技——不是说用高科技炒茶啦。这个世界上，毕竟还是有很多事情是机器无法做的。

2018 年春天，龙井村引进了无人机，专门用来运茶叶。这个操作杭州人一听就明白了：茶叶是一层层种满山坡的，娇贵的茶叶不能压，以前，采茶姑娘采满一筐就要运到山下，再返回来，一来一回浪费很多时间。现在无人机出动，不需要人力运送，节省了很多体力和时间。

无人机运茶叶

235

杭州城西有一条名不见经传的路，叫西斗门路。路长不过千米，挤在各种新老小区中间，市井味浓厚。十多年前，这里仍是城西脏乱差的典型。

它突然被人们关注到，是因为从 2018 年到 2019 年，不到一年时间，这条路上相继诞生了一家香港上市公司和一家创业板上市公司，两家即将在科创板上市的公司，还有若干“独角兽”公司和准“独角兽”公司。这些公司提起来，大家多半还都知道，比如51信用卡啊、时空电动啊。

在杭州，像这样的创新公司扎堆之地，一般都不会在市中心，多半在远一点的大型产业园，而西斗门路是怎么用十多年时间一步步变成这么一个传奇的，当真是谁也说不清。

我有个做童装的朋友，在西斗门路奋斗了十年，和西斗门路一起成长为一个传奇，生意越做越大。他回忆起十年前第一次踏足西斗门路，印象最深刻的是这条小路上有十多家粉红色灯光的洗头店。

那为啥还要选择这里？这条路名字起得好啊！西乃藏金之地；斗，则日进斗金；门嘛，开门迎财……不选这里选哪里？

236

风水之说当然听听就好，不必当真。

但西斗门路上两个产业园——福地创业园和天堂软件园，都是杭州开发得比较早的产业园。边上还有银江科技园、中国美院设计院等。这样自然而然形成的高新街区，与周围嘈杂的市井气息却奇妙地融合在了一起。

离杭州市中心最近的码农聚集地，可能就是这里，格子衫青年一到饭点就占领了周边所有的小吃店，相比更远的各种小镇，这里的程序员们生活应该更加便利一些，毕竟这条街上的小吃店，几乎涵盖了中国各地的美食。

压力当然也是存在的。2019年4月，有个骑着公共自行车逆行的小伙子被警察拦下来要罚款,结果这个小伙子突然崩溃大哭,原因是公司要他赶回去加班,女朋友钥匙没带要他去送钥匙,压力真的好大啊!

这段视频看哭了很多压力巨大的现代人,大家感同身受,抹着眼泪留言安慰这个小伙子:我们都是同路人!

据说,这个小伙子就来自西斗门路。

237

历来文人墨客都爱把西湖写入笔下。

当然,西湖也很值得他们这么写。不过,因为这样而演变出一个节日,可能就比较特别,更特别的是这个大本营之一就在杭州的节日,主角根本就是几个虚拟人物。

这个节叫“稻米节”,日子定在8月17日。为啥叫“稻米节”?因为一个叫南派三叔的杭州作家,写了“盗墓笔记”系列小说,这套书的粉丝自称“稻米”(谐音“盗迷”)。属于粉丝的节日,那就叫“稻米节”。

那为啥选在8月17日?“盗墓笔记”系列最后一册,时间线落在2005年8月17日,故事里的“小哥”张起灵和主人公吴邪有一个约定:“十年之后,如果你还记得我,你可以带着这个东西(鬼玺),打开那道青铜门。你可能还会在里面看到我。”

不管吴邪是不是记得这个约定,反正粉丝们都记得。到了2015年8月17日,数万粉丝奔到书里青铜门所在的长白山聚会,挤爆了当地所有的旅馆。从这一年开始,8月17日就成了一个“二次元”的节日——“稻米节”。

至于为啥杭州也成了大本营？那原因就很多了，南派三叔是杭州人，故事的主人公是杭州人，这个故事就是从杭州开始的。疯狂的书迷统计了杭州出现在书里的次数，西湖、西泠印社、楼外楼……到了8月17日，就从全国各地奔来——“打卡”……

这个节日一开始是粉丝自发组织的，五年后的2019年，在杭州已经成为半官方的活动，最后在黄龙体育中心以一场数万人的音乐会落幕。

杭州呀，真的是一个会“打破次元壁”的有意思的城市。

“稻米节”

238

和朋友一起去逛商场。

满世界琳琅满目的商品我都没看中的。

我难过地说:“都没有一双鞋、一件衣服上写着我的名字耶!”

朋友安慰我:“没关系,我们马上就去吃饭,一定有一个饭店会写着你的名字的!”

没错,在杭州,“吃货”是一个褒义词。

239

杭州名产之一的西湖藕粉,早就不从西湖里生产了。毕竟西湖六月中的接天莲叶映日荷花,其藕并不用来制作藕粉。口味特别令人难忘的西湖莼菜,并不长在西湖里。景区里到处都有卖的杭州老酸奶,从来不属于杭州,再老的杭州人都没有喝酸奶的习惯。杭白菊清火明目,不过它产自离杭州不远的桐乡。但是我保证,萧山萝卜干,它真的来自萧山,杭州人也很喜欢吃!

240

任何节气或节日,杭州人都有办法找到专属的食物。

比如,夏天一入伏,杭州人就该吃酱瓜了,而且专门指定要吃杭州老牌子景阳观的。

乌黑发亮的酱瓜切一碟出来，一定要撒点糖，倒点麻油，配一大碗白粥，这是我小时候关于夏天最美好的记忆之一。但是真奇怪，我儿子好像没怎么吃过这个，写到这里，我就不由去下单买了几袋……没有酱瓜的杭州夏天记忆，是不完整的。

如何用一句话证明你是一个老杭州人？

啊，并不是“我吃过酱瓜”。

而是“我有一个同学外号叫酱瓜（鸭）儿”。

241

没有吃过鲜肉榨菜月饼的话，不能算是杭州人。

刚刚出炉的鲜肉榨菜月饼，那咸鲜甜香在舌尖上爆开的一瞬间，我愿意用整个夏天去换。

反正杭州的夏天这么热。

242

杭州地处江南。在我小时候，说到月饼，那必是苏式的，咬一口皮子掉得到处都是，又甜又腻，所以我一直不太爱这种食物。但鲜肉榨菜月饼就不一样了——是的是的，没错，杭州人的中秋，是一定要有那么几只咸鲜满口、香飘十里的鲜肉榨菜月饼的！外地人会觉得不可思议，月饼怎么会有咸的呢？还真是，苏式酥皮做法，肉馅里一定要拌上足够的榨菜，说榨菜是整个月饼的灵魂也不为过！热烘烘烤出来，一口下去，月亮圆不圆真的没关系了！杭州人的秋天啊，一杯清茶，两个榨菜鲜肉月饼，几树桂花，吃肉也可以很风雅。

243

严格说来，杭州特色小吃真的不多。

反正杭州人宽容得很，谁都能来这儿卖吃的，好吃就留下喽。

全杭州最有名的早点铺子，叫游埠豆浆，开在城隍山脚下，二十多年了，普普通通的一间小店，就靠着烧饼油条咸豆浆打出了名气。那为啥叫游埠豆浆？因为老板是兰溪游埠镇的人，十六岁来杭州，跟着老乡学做早点，后来借了一千块钱，在城隍山脚下开出了这家店。

游埠本地人知道杭州有这么一家游埠豆浆如此出名吗？据说，兰溪游埠出名的是早茶，一杯茶就能喝一个早上，相比之下，吃烧饼油条咸豆浆，还是太匆忙了。

244

每一个杭州人都知道楼外楼，但去那里吃饭的却很少。为啥呢？因为在杭州人的印象里，去楼外楼是请外地客人的最高规格之一，不适合自己去，总觉得那里既贵，又过于热闹。

其实不然，错开人流量最大的时间，找个窗边位置，不必点大菜，三五个人对着湖光山色小聚，光窗外的景色就能让一桌菜都生动起来！

楼外楼的历史，有一百七十多年之久，名字当然源自大家耳熟能详的“山外青山楼外楼”（所以杭州还有一家餐馆叫“山外山”，在杭州植物园内，它家的千岛湖大鱼头特别好吃）。楼外楼坐落在孤山脚下，靠湖吃湖，最早就是做湖鲜出名的。店主人姓洪，是个落第文人，这一点从他给餐馆起的名字就能看出来——西湖边小饭馆，多的是“阿毛菜馆”“老王酒家”，但洪秀才虽然弃文从商，架子仍在，“楼外楼”这名字一出，立刻鹤立鸡群了。而且他还爱与文人结交，用现在的话说，他是一个很注重流量的生意人，很快把楼外楼从一个只占一间小平房的小店，打造成了拥有三层小洋楼的“网红”餐厅。地理位置又绝佳，各路文人墨客纷纷前来“打卡”，楼外楼很快名扬天下。及至现在，楼外楼已经成了西湖边的一个地标。

这个故事告诉我们，干啥都得有点文化，营销不分古今啊！

245

楼外楼的菜，当然是标准的杭帮菜，其中可以拿来当教科书的，是西湖醋鱼。

西湖醋鱼是楼外楼的当家菜，高峰时，一天要卖约一千五百份。

正宗的西湖醋鱼，用的是草鱼，一条鱼的重量在一斤六两左右，味道才刚刚好。宰杀之前要先在水里饿两天(据说楼外楼是把鱼放在门前西湖里的！阔气!)，去尽土腥气。改刀也很有讲究，一条鱼要改七刀。改在哪里，怎么改，全都有规定，才能保证这条鱼的品相。至于调料呢，楼外楼只用杭州的湖羊酱油和双鱼米醋，来保证“无油而亮、无盐而咸、无味精而鲜”。

好的，我知道你看了也学不会，毕竟在楼外楼，做西湖醋鱼的厨师是固定的，他们不管其他，只负责做这一道鱼。在独立操作前，这些厨师要起码做两年学徒，才能了解这条鱼在不同季节的肉质变化。

听起来很玄乎对不对？但这就是对一条草鱼最大的尊重啊！

246

老杭州人是很爱奎元馆的。这家有一百五十多年历史的面馆，在

奎元馆

现在的新杭州人心里，已经沦为只有游客才会慕名而去的大店。事实上，仍然有老客会慢悠悠前往，叫上一碗虾爆鳝面，桌上摆的筷筒里，插满了杭州特产天竺筷，这是一家杭州老面馆的骄傲。

古龙很爱这家店，《多情剑客无情剑》中，他安排西门玉去西湖边奎元馆吃早饭，有麻油鸡、小笼包、虾爆鳝面。这顿早饭很高级了，毕竟，在我们小时候，是家中有什么大事，爹妈才会带上我们去奎元馆吃一顿的，算是奖励呢。

不过，《多情剑客无情剑》的故事，发生在明成化年间（1465—1487），比奎元馆开门早了几百年，就连虾爆鳝面的吃法，也要到清代才流传开来。只能说，古龙对奎元馆，是真爱了。

247

这么说来，金庸也是很爱杭州菜的。他的小说里有很多江南菜，走清新路线。比如黄蓉做的那道“二十四桥明月夜”，当真想得出来！

《书剑恩仇录》第十一回里，乾隆被关在六和塔，陈家洛请他吃饭，先是上了清炒虾仁、椒盐排骨、醋熘鱼和生炒鸡片。又让人捧进一个茶盘，“盘中放着一碟汤包、一碟蟹粉烧卖、一碟炸春卷、一碟虾仁芝麻卷、一碗火腿鸡丝莼菜荷叶汤，盘未端到，已是清香扑鼻”。

杭州人仔细点了一下，有点不同意见。首先，代表杭州的虾仁那必须用龙井茶茶叶炒啊，请乾隆吃炒虾仁不放龙井茶茶叶，可以说是相当小气了。醋熘鱼不知道是不是西湖醋鱼？炸春卷确实是杭州经典小吃，不过只在春节期间杭州人才会炸来吃。说到蟹粉烧卖，啊哟喂,烧卖其实是上海人比较爱吃好不好!

至于火腿鸡丝莼菜荷叶汤,确实很江南了,写下这一行,舌底都生鲜。可惜的是,西湖里早就不生产莼菜了。

248

河坊街有家老饭店叫“王润兴”。因为它开在游客最密集的地方,所以不少新杭州人总觉得那是吃游客菜的饭店,殊不知,这是一家真正的老字号杭帮菜馆,历史悠久到可以追溯回乾隆年间(1736—1795)。

所以这个饭店最早的传说,当然也与乾隆有关啦。说的是当年乾隆第三次南巡,游到吴山脚下的时候忽遇大雨,就去街边居民家里避雨,好巧不巧,他又饿了(他真的太容易饿了)。主人阿兴看了看厨房里还有一块豆腐,就一切为二,一半烧了菠菜,一半烧了豆腐。乾隆一吃,哇,比御膳房的还好吃!好吃到哪种程度呢?据传,乾隆第四次下江南,还惦记着这味道,就资助阿兴开了个酒楼,并且大笔一挥赐名“皇饭儿”,这就是王润兴的前身了。

虽然是“皇饭儿”,王润兴在清末民初时最出名的菜式,却和皇家没任何关系——出名的是“门板饭”。啥叫“门板饭”?简单说来就是大众快餐:卖的时候,门板横转然后搁开,上面摆满大锅菜供路人挑选。当然,二楼是雅座。据说当年的美国人司徒雷登就挺爱到这里吃饭,爱点咸件儿、鱼头豆腐、炸响铃。他还有要求:咸件儿不要太肥,鱼头豆腐要加胡椒,响铃儿“熬烧”(杭州方言,意为“快快上”)。这些菜至今还在王润兴的菜单上。到王润兴该怎么点菜，你学会了吗？

249

在杭州大大小小的博物馆里，有一间是最好吃的，真心推荐一去：杭帮菜博物馆。

博物馆在南宋皇城遗址旁的江洋畈生态公园内，除风景绝佳之外，更重要的是它其实有很大一部分，可以当成一个餐厅。

你去参观博物馆，了解了一大堆杭帮菜的历史、传说、图片等，然后你就可以坐下来，点一堆刚才了解到的菜，开吃。

这个创意真是太赞了，而且，博物馆里的杭帮菜，真的也很正宗。

杭帮菜口味偏清淡，又爱用点酱油和糖提鲜，大多用本地食材，比如西湖醋鱼、龙井虾仁、宋嫂鱼羹等，这里面最特别的当数东坡肉，味道最重——一定要说的是，东坡肉虽然名扬四海缘于杭州，但它其实是四川人苏东坡在江苏徐州发明出来的呀。

250

杭州最有名的一只鸡，不是楼外楼的叫花鸡，而是吴山脚下的吴山烤禽店里卖的吴山烤鸡。

在不少杭州人的童年记忆里，春游秋游，如果有同学能从包里掏出一只吴山烤鸡，那简直就是“人生赢家”了。以至于我小时候一直觉得，必须带上一只吴山烤鸡，才是完美的春游。

吴山烤禽店是 1985 年开张的，在吴山脚下一开就好几十年，每天生意都很好，也真是一个传奇。这只鸡最大的特点就是香。我一直觉得，这家店门口永远排着队，是因为那烤鸡的香气只能用“勾魂”二字形容，走过路过，实在忍不住要去排个队啊。就这香气，让这家店一年能卖出约一万五千只烤鸡！坊间传言：没有一只鸡能活着走出吴山脚下！

味道怎么样呢？负责任地说，烤鸡一到手，立刻撕开，千万别回家拿刀切啊，趁热一口下去，别忘记舔下手指……赞！

有个小诀窍要告诉你们，烤鸡不宜买太大的，买二十七块钱左右大小的，烤得最入味。这个秘密，我一般不告诉别人。

吴山烤鸡

251

都知道北方人爱吃面食，南方人则爱吃米饭。

然而神奇的是，在杭州这个温婉的南方城市，面条才是主食里的王道——据说在杭州，面馆有将近三万家！老字号奎元馆自不必讲，但更被杭州人热爱的是那些开在街头巷尾的小面馆——很多连座位都没有，在门口巷子里放了两排凳子，大家坐在那里吃，俗称"板凳面"。

杭州人爱吃面，是有故事的。南宋把京城从开封南迁至杭州，当时和皇帝一起"移民"的文武百官和商贾巨头，根本无意改变自己的北方口味，吃面食的习惯就渐渐成了杭州人的特点。

杭州人有多爱吃面?《梦粱录》卷十六里，南宋的吴自牧用"面食店"一整章来记录当时的面食：猪羊盦生面、丝鸡面、三鲜面、鱼桐皮面、盐煎面、笋泼肉面、炒鸡面、大爊面……

据宋代民俗学家考证，这个饮食结构的变化，还影响了南宋的农业，当时淮河以南，种麦的农户也增加了。

252

杭州人最爱吃的一碗面，叫片儿氽，一说片儿川——但是杭州话的最后一个字，是平舌音，地地道道发音就是"氽"。片儿氽据说是奎元馆发明的，猪肉、笋切成片，配一点倒笃菜，炒了当浇头。"氽"的本意是将食材在沸水里过一下即捞出来，以防食物变老。是以一碗好的片儿氽，顶关键就是那一份浇头要鲜嫩爽口。考究一点的，对笋也有讲究，以冬笋为佳，面条则需生面，倒笃菜也不可以用雪菜替代……

所以，你一般是吃不到这么考究的片儿氽的！当然一般的也很美味，特别是笋和倒笃菜的配置，相当江南了。

因此杭州人请客吃饭，最后上主食的时候，一桌人举棋不定要点什么好，如果有人说出一句“那就来一品锅片儿氽吧”，顿时，所有人都会点头赞叹：“这个好这个好，就来一锅片儿氽吧！”

片儿氽

253

大概是2006年，余杭办了首届“掏羊锅”节。结果嘛，一发不可收，全杭州的人都赶去吃了。

只能说杭州人真的很爱过节，而且会把节过得以花钱为主：花钱吃羊锅是，“双十一”买买买也一样。

总之，高兴就对了。

要过节当然要先说故事。在杭州，要说关于食物的故事，十个菜里有八个菜要扯上乾隆，余杭的“掏羊锅”当然也不例外。

话说乾隆某一次下江南，到了仓前后，饥饿难耐(他真的很容易肚子饿)。这个时候一定会有一个大胆又好运的老乡出场，这次出场的是仓前街上卖羊肉的羊老三。羊老三看不得皇帝饿成这样，就请他到家吃饭，上了个“掏羊锅”。

啥叫“掏羊锅”？原来仓前是产羊肉的地方，据说卖羊肉的会长年把整只羊放进同一个锅子里烧，而这锅老汤从来不起底，一直用(好比成都老汤底)。时间一长，老汤底里总有那么些羊杂碎，客人来了掏一掏吃，鲜美无比。

大“吃货”乾隆果然吃得很高兴，回去后就御书“羊老三羊锅”匾额，再赏三百两白银。自此，这仓前“掏羊锅”就有了名堂。

这个像所有“乾隆”牌美食传说一样破绽百出的故事，仓前人民可喜欢得很。当然，给他们足够勇气的，还是仓前“掏羊锅”的美味。“掏羊锅”的精华都在于那锅满是羊杂碎的老汤，这属于仓前最独特的民间食文化。

2006 年的冬天，第一届“掏羊锅”节，杭州人去余杭仓前吃掉了约六万只羊。

可真比乾隆还能吃！

冬天，记得去吃！

254

除了千岛湖水，杭州人还爱淳安千岛湖的另一样东西：鱼头。

2019 年亚洲美食节期间，电视台甚至组织了一场鱼头争霸赛，请大杭州范围内各路厨师出马，来了一场鱼头大 PK。

我很幸运，被邀请去当评委——其他评委都是金光闪闪的厨神级别，我可能是“吃货”代表吧。

厨神们的点评都非常专业，轮到我，只有两个字：好吃。

千岛湖鱼头来自一种叫“花鲢”的鱼，民间更习惯叫这种鱼为“胖头鱼”，可想而知这头有多大。每年千岛湖的“巨网捕鱼”都会引来人潮围观，捕的就是成群的胖头鱼。胖头鱼一般三吃：鱼头炖汤，鱼身剁椒蒸，鱼尾红烧。不过看大家都只记得“千岛湖鱼头”，也知道后面两种做法都太过平凡了。

杭州吃千岛湖鱼头最好的饭店之一，是山外山。正是他们家将千岛湖鱼头引进杭州，形成潮流的。他们家一年要卖出三十万份“鱼头皇”，你不去试试看吗？对了，两三个人去吃的话，其他菜点一点意思一下就可以了，毕竟“鱼头皇”已经快管饱了。

千岛湖鱼头

255

对20世纪七八十年代出生的杭州人来说，葱包桧儿算是一种乡愁。

我小时候，到了黄昏放学时分，学校门口附近总有几个专卖这个的小吃摊，围满了饥肠辘辘的学生。

所谓葱包桧儿，是用春卷皮包了油条，在涂满油的平底锅上用一个专门的压板压到最薄。一副葱包桧儿一般有两个，中间按自己的喜好涂满甜面酱或者辣面酱，夹上同样压扁后的葱，一口咬下，葱香，酱甜，油条脆，而春卷皮则中和包容了所有的甜鲜咸脆……是很多人离不开的地地道道的杭州美食。

可惜的是，原来随处可见的葱包桧儿摊子越来越少，仅有的一些都想办法搬进了小门面，有几家生意很火爆，但是每次去都要特地前往，总觉得少了一点偶遇的惊喜。

256

即便是葱包桧儿满大街都能吃到的时候，也不是所有摊位上的葱包桧儿都是一个味道。学生们其实并不挑剔，但神奇的是，吃惯了这个摊位上的葱包桧儿，换一个摊位，并不是不好吃，而是你会觉得不习惯，总觉得哪里错了。

事实上每个人对葱包桧儿都有自己独特的喜好，坐在平底锅后的大妈有时候一抬眼皮就知道你要的是啥：油条是不是要压得扁一点，葱是多一点还是少一点，还是干脆不要。而一副葱包桧儿最灵魂的味道，来自酱。

每个坐在平底锅后用让人眼花缭乱的速度制作着葱包桧儿的大伯大妈，都有自己的秘制酱。每天出摊时都是满满两瓶，一瓶纯的甜面酱，一瓶加了辣椒的。甜面酱的配方据说很简单，白糖和酱油的比例大致为 4∶1，再加面粉，加水。但是大致到啥程度，加多少面粉多少水，就是每个摊位的不传之秘了，原材料的比例微妙的调整，就能让整个味道的走向完全改变。所以吃惯了街头王大妈的葱包桧儿，一般不会去巷尾李大爷那里吃。

至于现在饭店里做得小巧精致再摆盘送上来的葱包桧儿，唉，只能说，这个点心啊，它没有灵魂。

257

经常会有外地人问："到底是葱包烩儿，还是葱包桧儿？"杭州人会告诉你，是桧，秦桧的桧。

葱包桧儿

这个故事要从宋朝说起。传说岳飞为秦桧所害，老百姓无不义愤填膺。当时临安风波亭外，就有两个小吃摊贩，抓起面团搓了代表秦桧和他老婆王氏的两个面人，绞在一起扔进了油锅，并说这是“油炸桧儿”。买早点的民众心领神会，这种“油炸桧儿”立刻就成了当时的“网红”食品。据说，这就是油条的起源。

至于葱包桧儿则算是“泄愤PLUS”，早上炸得太多没卖掉的“油炸桧儿”，下午包起来狠狠压扁——压得越用力，压得越扁，越能表达心里对秦桧夫妇的愤恨。这个故事，是杭州每个卖葱包桧儿的大伯大妈都会拿出来说的，主要讲述对象是外地游客。毕竟，在杭州，这个故事是所有人都知道的。老实说，我还没在其他城市看到过这种食物呢。听完这个故事的外地人，多半还要去岳庙，看一眼跪在岳飞墓前的四尊铜像，其中一对男女铜像，据说就是秦桧夫妇。注意！有明文提醒：不准吐痰！

所以，你今天，不去尝一副葱包桧儿吗？

258

再有故事的食物，不好吃也是白搭。

葱包桧儿确实很好吃，又非常方便，是杭州街头很典型的市井美食。

除了葱包桧儿，老杭州还有一样心头好——油墩儿。卖油墩儿的就没有大伯了，基本是大妈，坐在一口油锅后，油锅里有几个圆铁勺。有人要买的时候，先在勺子里加一点面糊，再加一把以萝卜丝为主的馅，最后浇满稀面糊，进油锅炸。一炸即得，一分钟都不要，倒在油锅上的架子里略沥一下油，再用白纸略垫一下就能拿在手上吃了。油墩儿表皮已经炸得酥脆，内里却柔软清香，让人欲罢不能——再打扮入时的杭州姑娘儿也会当街吃起烫得令人形象全无的油墩儿。

至于为啥叫油墩儿，可能因为它长得像一个石墩？有一个不靠谱的传说，说乾隆某次下江南，在路边寺庙歇息，因无可吃之物，方丈就胡乱炸了这种样子的面食给他吃，并请他赐名。乾隆见这东西色泽金黄，长得很像殿里的蒲墩，就赐名叫“油墩儿”。

这个传说我是不相信的。乾隆在江南留下无数真真假假的传说典故，但要把油墩儿也算到他头上，我觉得也太勉强了吧。

259

荷花糕是杭州特有的婴儿食物，很多家庭几代人都是吃这种糕长大的：纯米粉做成的白色糕体，吃的时候，要加温水蒸成米糊状，因为是婴儿食物，所以本身没有味道，可以按妈妈的心意加调料。最关键的是——特别顶饿！江南春这家老字号的杭州糕饼店，现在仍然有荷花糕卖。新鲜的荷花糕十元钱一大袋七百五十克，里面有二十块，平均就五毛钱一块。负责经营江南春的老师傅老韩说：“现在仍然有很多人来买荷花糕，还有要寄到美国去的！买一袋十块钱，邮费倒要六十块！”

为什么叫荷花糕？据说是因为最早这种糕上都会印一朵荷花。杭州的新手妈妈现在也会去买荷花糕来给宝宝吃，看中的是它安全无添加。

260

《舌尖上的中国》第三季里，特别推荐了一道杭州美食——荷花酥。没想到杭州人纷纷表示:“我们只吃过荷花糕,没吃过荷花酥!”

也不能错怪人家导演,荷花酥这种必须轻拿轻放,要摆盘后小心翼翼端上来的酥点,本来就不是很大众,不像荷花糕,十块钱一大袋能吃很久!严格说来,荷花酥确实是杭州的一道名点,源自明清时期,属于宴席常用的花式中点,和杭州可以说非常相称了。但制作起来非常烦琐,在杭州,只有几家专攻杭帮菜的大酒楼有提供,比如杭州酒家、知味观、天香楼、湖畔居等。

至于《延禧攻略》里皇上喜欢的荷花酥,是不是和《舌尖上的中国》导演看中的是同一款,起码从镜头表现来说,不太像。

261

与高级点心荷花酥相比,杭州人更中意另外一种粉红色的点心——定胜糕。

每年高考前,都会有很多家长去买定胜糕来给孩子吃,讨的是个好口彩——定胜。这种由米粉制成,加了豆沙馅,放进模子蒸熟的糕点,口感十分清新,又有个好口彩,是河坊街上卖得最好的街头点心之一。

定胜糕的传说很多,年代倒一律是宋代,涉及的人物从韩世忠到岳飞,都是武将。传说大同小异,都是武将出征,百姓送来糕点,说这个糕叫定胜糕,武将一听大为高兴,吃了定胜糕后拍马出征,果然大胜而归,从此这个糕就有了好口彩。

定胜糕刚蒸出来时,口感最好——就好像刚刚复习了全部课本的考生,对所有的重点还记忆鲜明。一口吃下,定胜?定胜!

定胜糕

262

杭州有很多有趣的食物名。像荷花糕、定胜糕还有个“糕”字告诉你它是一种糕。到了杭州做点心最有名的知味观里，有老杭州蛮喜欢的一道点心“猫耳朵”，不说明白，外地人就有点迷茫了。

其实就是一道面食，一粒粒小小的，形状像迷你猫耳朵。传说这个点心也与乾隆有关：他到杭州微服私访，在西湖上泛舟时忽然饿了

（他真的很容易饿，还是个急性子，耐不住饿）。船老大说这么急没办法做面条，叫女儿和了面，一点点揪下来扔进锅里煮。乾隆觉得很美味，问小姑娘这叫啥，小姑娘情急之下说叫“猫耳朵”，这道食物就这样成了杭州名小吃之一。

如果没吃过猫耳朵，你还想象不出来，你可以想象成中式的意大利贝壳面，不过猫耳朵随意多了，面点师随手一捏就成。国人有时候也很敢想：据说意大利贝壳面，就是马可·波罗从杭州学去的……喂！时间线不对啊！这不是乾隆爷吃出来的嘛！马可·波罗穿越过来学的吗？

263

其实像猫耳朵一样的面食，不独杭州有，陕西中原一带也有，但大多是用来炒或者烩的。只有在杭州，猫耳朵是用来放汤的。

汤当然是高汤为上，有虾仁那是极好的，香菇、笋片、鸡丁、火腿丁……都可以有！天啊，看这碗汤料，我有点相信这汤和乾隆有点关系了，毕竟这么豪华的一碗汤，猫耳朵根本就是点缀啊！

而很多人可能不相信，但我比较坚持的是，这样一碗猫耳朵，端上来的时候如果不加一点豌豆，那就是没有灵魂的！必须有碧绿的豌豆和嫩白的猫耳朵在汤里一起浮沉，才有江南的鲜甜意味。

264

一直到大学毕业，我才了解到炸响铃是一道什么菜。这之前，我一直以为它就是简单的炸腐皮卷，因为炸得酥脆，咬在嘴里会有声音，所以名字里才有个“响”字。至于通常会伴着响铃端上来的番茄酱，反正就是用来调味的吧。

那年，我们一群同学出去玩，在宋城附近一家小餐馆里吃饭。二十左右年纪的一群少男少女，吃起菜来那叫一个风卷残云，中间老板先上了一道炸响铃，回头又端了一个小碗举在空中，僵住了。

因为那一盘炸响铃，已经空盘了。

而他僵住，我们也僵住了，不知道他为啥要把一个碗举在空中欲放不放的，他要干啥？

后来才知道，这是一个严格的杭帮菜师傅，他拿的是一碗番茄汁——不是酱。所谓炸响铃，是把豆腐皮卷炸好后，把番茄汁往上一浇，发出“刺啦”几声，是谓炸响铃也。

老板后来又补上了一道炸响铃，我们都听到了“刺啦”几声。

在杭州，要求这么严格的炸响铃，并不多。下次如果你们吃到这样的，要好好珍惜。

265

说到杭州好吃的，一定要去“打卡”的地方是江南驿。

江南驿的老板娘江湖人称“兔子姐姐”，爱笑，豪爽，特立独行，最重要的是，做得一手好菜。

江南驿在法喜寺边上，有那么一年，我忽然决定过健康生活，于是每周有一两次，我都会踩着单车，从报社出发一直骑到法喜寺。等我到寺门口，天色已晚，寺门也关了，但江南驿正是热闹时分。

我的做法是先在江南驿门口和大堂扫一圈。十次里有七次,会碰到熟人,那么就可以坐下来蹭一点吃的。

剩下的三次,我会随便找个角落,点两个菜:一个是菠菜炒青菜,一个是葱烤大排。菠菜炒青菜炒得刚刚断生,而大排则葱香四溢,刚好足够抚慰我孤独的胃。

266

兔子姐姐是城中有名的气场强大的女性,关于她的传说数不胜数,流传最广的是她会经常剥夺客人的点菜权。对此,兔子姐姐说:"乱讲,我明明只对熟人这么干!"

作为一个杭州女人,兔子姐姐身上有鲜明的类似"杭铁头"的侠气,这股侠气贯穿她的人生故事,用几百字是写不出来的,去吃,倒是可以吃出一点来。

在早年关于兔子姐姐的传说里,有一个传说是她每年有半年时间在旅游,每次旅游回来,店里就会多出几道新菜。比如店里最负盛名的椒麻鸡,就来自其中的某一趟旅行,她觉得好吃,就带回店里,迅速成为店中王牌。有时候想想,也怪有意思的——这道非常不"江南"的菜,却真的很像她自己:一眼望去铺得满满的辣椒、大葱、花椒,会让你心生畏惧,以为它会有多辣,但当你打开心防,去拨开那层表相,会发现下面堆得满满的大块鸡,每一口都爽滑鲜嫩,让唇齿留香之外,还带来微微的酥麻感……这不就是兔子姐姐吗?从来不会职业性假笑的兔子姐姐,用她对食物的爱,征服了"吃货"们的心。

对好这一口的杭州文艺青年来说，江南驿的椒麻鸡啊，就是他们的乡愁，几天不吃就甚是想念。

267

浙江大学留学生食堂可能是全杭州高校食堂里知名度最高的一家。价廉物美，毕业了再回去吃的浙大学子有很多。

但关于浙大的吃食，有一个地方你一定要知道：东山弄菜场。

因为东山弄菜场就在浙大玉泉校区附近，对口供应小区就是老浙大的教工宿舍区，这可能是全杭州老教授出没最多的菜场。

所以你如果在东山弄菜场后门遇到一家有文化的面店也不足为奇了。多有文化？面店墙壁上贴满了小说、诗歌、灯谜，以及店老板的读书笔记。老板阅读的口味很杂，《红楼梦》和莫言的《蛙》都是他心头所爱。深究下去才知道，不是面店老板有文化，是有文化的人来开了这家面店。老板是江西大学生物学专业毕业的，退休前的职业生涯里，有在大学教植物学的经历。退休后想创业，因为在鼓楼吃到一碗好面，就买了方子，到这里开了一家面店。

毫无意外，这碗叫作“霸王牛肉面”的面，深受浙大“学霸”和老师的喜欢。

我倒觉得应该直接叫“学霸面”，假以时日，说不定也可以像定胜糕一样有噱头呢！

这家面店叫刘姥姥十里香牛肉面店。那为啥用“刘姥姥”起名而不用“林黛玉”呢？我想可能是因为在《红楼梦》里，你能想象刘姥姥吃牛肉面，但完全不能想象林妹妹也爱吃牛肉面吧。

268

每个城市最值得去的地方里，永远都有菜场。

杭州有个开了二十几年的近江水产市场，2019年初，出于种种原因被拆迁，真是引发全城“吃货”怀念。

不过，我是真不相信那些发朋友圈赞美近江水产市场的人都去过那里，吃过那里最新鲜的鱼，喝过那里最劲爆的酒，但是它在，就有安全感。

话说回来，近江水产市场入口附近有一家卖炸鱼的，炸鱼是真好吃啊……

269

在杭州逛菜场也是要技巧的。

有个词是一定要学会的——“倒担”。

这句菜场专用杭州话，用得好了就能买到最便宜的菜。啥叫“倒担”？以前卖菜人都是挑着担子来的，黄昏时分，菜也不多了，摊主急于卖完收工，希望担子上最后一点菜被买主直接“包圆儿”，这就叫“倒担”。“倒担”价格相对正常价就很低了，几近半卖半送。

现在当然不可能有半卖半送的好事。“倒担”这个词摊主可能从中午就开始讲了，有点像“江南皮革厂倒闭了”的意思，其实离真正的“倒担”还远着呢！

270

杭州千好万好,有一点即便是杭州人,也只能默认多少有点不太对劲。

杭州的天气,真是不太好。

四季分明是对的,春桃夏荷秋桂冬梅,也是美不胜收。

问题是这天气老是随机播放,特别是早春晚秋,常常出现一天温差十几摄氏度,或者昨天最高温度是二十摄氏度,明天就要降温到零摄氏度的状况。

前一天露胸,后一天裹貂。

虽然说“三月天孩儿脸”,但也不至于这样吧!

这大概是杭州的报纸都要专门开出一个天气版的原因。

271

香樟是杭州的市树。

是的,它是有香气的。尽管作为一棵树,它香得非常低调。一般每年5月,若在杭州城里闻到一股淡淡的让人神清气爽的香,多半就来自香樟。要是有心捡一片香樟叶子观察一下,可以发现在靠近叶子底部的地方,有一个点特别香,可以说这是个腺点了。也难怪,毕竟人家名字里有个“香”字嘛。

杭州香樟是很多的。有一个例子可以证明:经常有市民会投诉窗前大树挡住光线,一般来说这都是香樟树。

而杭州这么多香樟树里,有一个老祖宗——唐樟。

唐樟位于三台山路上，位于原来的法相寺边上。这是杭州地区见诸记载的树龄最大的古香樟树，一千多岁了，树冠撑开有四百多平方米。

可惜的是，这棵香樟树真的已经太老了，即便给它用钢架子撑着，也不太行了。一南一北两个大枝，朝南的已经枯死了，向北的原来还行，2016 年后过了个寒冬，没缓过来，现在只剩三枝小苗苗还有一点点绿意。西湖景区工作人员为它打造了“加护病房”，天天精心照料，就希望它能多活几年。

都说年轻底子好！唐樟附近半山腰上，还有一棵香樟树，是棵宋樟，枝繁叶茂，蛮健康的。果然，年轻就是不一样！

272

2 月底，玉兰花开了。

如果你是这个季节来杭州，一定得去植物园一带走走。

未必一定要去灵峰探梅，有一条很短的路叫玉泉路，短短几百米，路两边种满了玉兰花。

一年里最多两个星期，这路上的白玉兰开得如梦如幻。

就好像安静了一整年，要在这两个星期里唱出最华彩的高音一般，美到最高处。

路口有林风眠旧居。路边，一边有山茶园，一边有樱花碧桃园。

游客总是匆匆而过，很少有人特意来这条路。

这是杭州春天的惊喜之一。是时候去探访了。

273

杭州最古老的玉兰，已经五百岁了。

这株古玉兰，就种在法喜寺里。

玉兰是很长寿的树种，杭州更是从唐朝就开始种玉兰——像桂花一样，最开始多半都种在寺庙里。比如灵隐寺当时就种了紫玉兰，白居易在杭州当市长的时候，还为灵隐寺的紫玉兰写过一首《题灵隐寺红辛夷花戏酬光上人》："紫粉笔含尖火焰，红胭脂染小莲花。芳情乡思知多少？恼得山僧悔出家。"大概意思就是调侃寺里的僧人："红玉兰的花开得这么好这么美，你是不是因此有点后悔出家了？"可见当时的红玉兰花美得有多惊心动魄。

不过法喜寺里的这一棵是白玉兰，种在法喜寺的斋堂（就是和尚们的食堂啦）前。这棵白玉兰有五百岁了，树冠占了整整一个院子，每年春天花满枝头，雪白的花朵映着黑瓦黄墙红灯笼，如诗如画。玉兰花的花期很短，传说法喜寺的玉兰花是每年农历二月十二开花，二月二十花谢，短短八天，有缘者见。这个传说可更让人心动了。其实哪有这么准确的花期，每年花开，主要还是看天气啦。但花期短是真短，两个周末，不能更多了。

274

看樱花最好的地方，当然是太子湾公园。

但是白天人太多，如果条件允许，完全可以晚上去。

约三五好友，在3月底挑一个月色清凉的深夜，走西门进太子湾公园。

沿着小路一直走，路边都种着郁金香，比樱花开得迟点，但也有零星开起来的。这不重要，重要的是，你很快就会遇到樱花树。

盛放的樱花像云一般堆在你的头顶。某个路口，甚至盖住了大半个路面，树下有张靠背椅。

坐下来，风过时，落樱像传说里那样飞过你的身前。

宜喝酒。宜谈心。宜放空。

不宜发朋友圈。

275

曾有新闻报道说，北京游客发现西湖边的松鼠在树枝上悠闲地啃着青桃子，啃过的桃子丢了一地。来自北方的客人有点心疼，就向工作人员反映“有松鼠在偷桃”！

景区人员笑眯眯地说，没事没事，这桃树本来就不是为了结果，而且西湖边桃树万一结了果，实实在在，一半以上也都是松鼠吃的！

老实说，这则百来字新闻的信息量也是真大。首先，告诉我们桃树真的会结果子！其次，说明了为啥很少有人吃到，是因为都先被松鼠吃了。最后，真的，西湖边的松鼠很多！

276

西湖边松鼠多是真多。

早几年，看到松鼠大家还会惊喜，后来除了游客，散步的杭州人都见怪不怪了。

而且西湖边的松鼠都不怕人，毕竟它们是靠“颜值”行走江湖的，只要出现都能收获一大堆赞美。游客们尤其爱拍它们的视频。久而久之，西湖边的松鼠有了新的江湖称号——“西湖第十一景”。可见西湖边的松鼠是有多活跃了！

想要去和松鼠玩的话，推荐湖畔居那一带的湖边，那里松鼠最多，且其举止都很泰然自若，基本上都很有镜头感，可能知道自己有主角光环吧！

277

西湖的生态越来越好，有个表现是，野生动物越来越多了。

比较受人关注的有两种。一种是野猪，但凡出现就引发轰动。另一种呢，是野鸳鸯——别想岔，是真的鸳鸯啦！

野生鸳鸯是国家二级保护动物，年年飞来杭州过冬，开春就去北方生娃。但是2005年5月的时候，浙江野鸟会发现了第一窝生在西湖边的小鸳鸯！这可把杭州人激动坏了。野鸟会写的观鸟日记，天天在报上刊出，连续一周——非常不幸，由单亲妈妈照料的八只小鸳鸯，在一周内消失了，鸟类专家分析是人为的伤害。最后，连鸟妈妈也不知所终。日记只刊出一个星期，但“如何避免鸳鸯一家的不幸”这场全城大讨论，持续了将近一个月。

2007年5月，西湖边又发现了一窝小鸳鸯。这一次野鸟会成立了保护小组，这年的记录，一直记到两个月后，小鸳鸯学会了飞……这年夏天，野生鸳鸯最后一次出现在报纸上，是因为有一只不知道为什么飞到了环城西路上飞不动了，惊喜的市民们把它送回了西湖。

之后每年都会有鸳鸯宝宝在西湖出生，越来越多，到了2017年，有六窝鸳鸯在杭州落了脚，生了娃，可以说，鸳鸯已经成了新一代“杭漂”了！

不过，也真不知道为什么鸳鸯会成为爱情的象征。事实上，美美的雄鸳鸯只管谈恋爱，生完娃就甩头飞走找新伴去了。所以西湖里大家观测到的，全是单亲妈妈……所以，古人的错觉到底是怎么来的啊。

278

关于野猪最有趣的一条新闻，是在2005年，一整窝野猪跑到了吴山附近，两只大的，四只小的，一连串地出现在闹市区，简直闪瞎了杭州人的眼。报社热线电话此起彼伏，全是讲野猪的。记者当时就去了现场，也算是沿着野猪的脚步走了一圈：早上九点多，六只野猪在城隍山（吴山）脚下出现，十分钟后闪过云居山。不过这个时候大家只看到两只了，它们飞奔过万松岭公交站时，把等车的人吓得够呛。到了万松书院门口，这两只也分开了，大的逃到山上，小的那只想拱开书院栏杆，未果，从售票处边上绕进去了，在地上留下了一点血迹——看来是受伤了。

万松书院的工作人员很紧张，怕小野猪伤人，紧急排查，没找到。后来听说，小野猪又回到售票处跳下来，在公交车站摔了一跤，奔回对面山上去了。接受采访的围观人士表示说：哎呀，这么看看，小野猪也是很可爱的嘛！

现在想想，对小野猪来说，这人类城市也真是一个可怕的地方啊。

279

杭州城里最老的一棵银杏树，种在五云山顶。

银杏树就在山顶。即便是整棵树都金黄的深秋，也没有你想象得壮观，不像每年秋天刷屏的那棵西安的银杏王那样有一种睥睨天下的气势。江南的山水树木，都要秀气一点。

当然，主要也是因为这棵银杏树老了，要十个人手拉手才能合抱的树干，有一半空心了。但剩下的一半，依然每年都金黄一次，吸引大量游客前来观赏。算一算，魏晋南北朝时，是谁种下了它呢？

我的同事P姐有一次写这棵树的故事，言之凿凿地写，它一千五百零四岁了。我说你这怎么算的，我从来没有看到过这么精确的算法。她给我说理论依据，说某年西湖景区召集了一批园林专家给古树定树龄，轮到这棵银杏树的时候，专家们详细论证后算了一千多岁的整数，刻在名牌上，立在了树下。这块名牌早就模糊不清了，但从有名牌那天开始，一年年往上加，加到她写稿这一年，正好是一千五百零四岁。

我居然觉得……也是蛮有道理的。

280

早春二月,柳树新绿。

就只有这么一两天,你去白堤上,会明白古人为什么使用“烟柳”这种莫名其妙的词语。那是一种薄雾一样的淡绿,笼在整条白堤上,要细细分辨,才能看出那是柳枝上新绽的若有若无的柳芽儿,带着一丝嫩绿,染出一堤烟柳。

这个阶段稍纵即逝,很快,柳叶就长大,妩媚了,要不怎么说“二月春风似剪刀”呢。

白堤上的柳树,约每隔十米一棵,中间一树碧桃,是谓“间株杨柳间株桃”。约一千米长的白堤,一共一百四十六株柳树、一百四十四棵桃树。有记录以来,这个数字就没变化过。风姿绰约的白堤柳,其实是有严格的选美标准的,比如胸径要在二十四厘米到二十八厘米之间,一级分杈点,在两米五到两米八之间……

那我们不由要问了,哪个园林能提供这么多标准美树啊？西湖景区的工作人员得意地笑了:全国寻美啊！从余杭到山东,听说哪儿有棵美树,就赶紧去看,符合标准的就要赶紧请到杭州,养在基地里,万一白堤上有需要就能马上换上。

当然啦,这只是有备无患。白堤上每一棵柳树,都是被精心照顾着的。

有意思的是,冬天,柳叶落尽,无边萧瑟里,你偶尔也能看见有几枝仍然浓绿的柳条。仔细观察后你会发现,这几枝都靠近路灯。

大概因为路灯的那一点暖,那几枝柳,就以为冬天还未来吧。

281

西湖第一朵荷花很引人注目,但第一朵桃花的消息,就不太有人关注了。

可能是因为西湖的桃花,实在开得太艳了,不能以“朵”来记吧。

桃之夭夭,这灿烂的景色,以白堤为最。白堤上种的桃花,大多是碧桃,重瓣重色,花开得至艳时,满树繁华,要靠边上的柳树来衬色,不然的话,怕是要灼伤了人眼呢。也有粉色的,更能寻到红白二色的,但我还是最爱浓艳欲滴的深红色,那是《诗经》里的颜色。

一直没能寻到“碧桃”的出处来历,明明深红至此,为何要叫“碧”桃呢?百度能搜到穿凿附会的传说,不可信。

说来有趣,每年春天,杭州媒体总会做一道题:如何分辨西湖边的樱花李花桃花梨花……因为全都是蔷薇科的,大家都傻傻分不清,年年画图,年年认错。只有白堤上的灼灼碧桃,从来不会有人认错。

说起来,每年春天的第一朵桃花到底开在哪里是不一定啦,但在白堤上,据说最靠近断桥的那株桃树,历来都是整条堤上最早开的一树,从古至今年年如此,也算是一个小小传奇。

282

杭州有好几个公园算得上比较新,是以前没有的。其中一个,叫江洋畈。

江洋畈在杭州城南凤凰山这里，以前是山脚下的一块荒地。1999年，西湖开始进行最近一次疏浚，这里成了淤泥堆积场。从1999年到2003年，人们把西湖淤泥用管道输送到了江洋畈，这些淤泥又在大自然里堆晒了六年时光。这六年里，淤泥土表含水量渐渐减少，沉积于西湖淤泥之中的植物种子却开始自由地发芽生长，渐渐形成了以垂柳、湿生植物为主的次生湿地……

其实，对西湖而言，由古至今，每次重大的疏浚都会带来变化，白堤、苏堤、赵公堤都是历史上疏浚带来的。

江洋畈却是最特别的，因为2008年，杭州决定把这个淤泥库打造成生态公园时，明确了一件事——生态。

整个公园建设过程里，园文部门几乎没有拔掉一株原生态植物，完整地保留了原生态植被。在补种的植物选择上，全部选用原生品种。这使得这个公园，最大限度保留了“野趣”。不同于白堤和苏堤的设计感，江洋畈，很野。

283

江洋畈生态公园里，植物圈的绝对老大是长满了整个公园的南川柳，而动物界的主角则是蝴蝶。

江洋畈的蝴蝶啊，真是赶都赶不走。为啥呢？因为花太多啦！在淤泥上成长起来的公园，是野花的世界，也是蝴蝶的天堂。杭州有个退休老师，最爱去江洋畈找蝴蝶，一共找到过五十五种——整个浙江一共四百来种蝴蝶，这个公园里能找到约八分之一！

然而，大自然会怎么说一个故事，你永远想不到。

沧海桑田是一个太漫长的传说，在江洋畈，却有着你能看见的改变。

2010年，江洋畈建园的时候，淤泥含水量很高，几年过去，泥一直在下沉，沉了有一两米，雨水却积起来了，整个公园的生态环境，因此开始改变。

水多了，江洋畈老大南川柳就挺不住了，它们不太耐水，就死了不少。这里不是白堤，生态公园遵循大自然的法则，被淘汰的南川柳就此失去老大的资格，以芦苇为首的水生植物们悍然接过了柳树的老大地位，形成了一片片美不胜收的芦苇荡。

这么一个转折，也不过就是六七年时间。

284

江洋畈的芦苇荡，吸引来了大量的水鸟。

水鸟们，特别是白鹭，开始逗留在江洋畈里，因为这里食物太多了，比如——小龙虾。

江洋畈里的小龙虾，多到一度让工作人员担心会影响到水草，但是大自然自有它的解决方案。自从白鹭来了以后，小龙虾就成为江洋畈生态链上可怜巴巴的一环，再不能“为非作歹”了。

而动物界主角蝴蝶，也一样遭到了灭顶之灾。

要知道，破茧成蝶之前，美丽的蝴蝶都曾经是肉嘟嘟的毛毛虫啊，对白鹭来说，可比小龙虾还好吃！毕竟小龙虾还有层壳，毛毛虫那就是一口肉呀。江洋畈的毛毛虫还没来得及变成蝴蝶，就已经成了水鸟们的食物。

江洋畈的蝴蝶，就此和南川柳一样，正式退居二线了。大自然的残酷法则，并不因为美丽而有所改变。

也不知道，隔壁不远处万松书院的梁祝二位会不会气得活过来。

285

白兰花其实并不适宜长在江南。但老杭州人的记忆里，夏天的开场式，除了荷花像主角似的必须全城瞩目地登场，却还有一缕白兰花的幽香。

我疑心并没有多少杭州人见过白兰树真正的样子。据说在岭南，它是高大的行道树。而在杭州，白兰花是6月里街头巷尾由老奶奶们带来的香气。老奶奶们多半坐在巷口桥边，面前摆着一只铝饭盒，盖着湿润的纱布，老远就能闻到白兰花幽远的香气。你在她面前停步，她会掀开纱布拿出来一对用铁丝穿好别在绿叶上的白兰花，铁丝轻轻绕个小圈，刚好能挂在衣襟扣子上。

于是这一整天，都馥郁起来。在没有香水的年代，这一点幽香，比得过“午夜飞行”。

上海、杭州、江苏，整个江南的夏天，都笼着白兰花的香气。

286

这几年，卖花婆婆们少了，即便有，也不太进得到货了。也没人说得上为什么。花鸟市场里有整株卖的，夏天很好养活，就是不太容易过冬。毕竟，白兰花树是来自更暖和一点的南方的乔木，在江南，只能当作盆栽。

说到卖花婆婆，杭州最著名的卖花婆婆在武林银泰门口，佝偻着身子，常年在那里摆个摊卖花——夏天的时候生意最好，茉莉花和白兰花的香气会替她招揽生意。婆婆已经八十九岁了，在银泰门口摆了二十余年摊——这应该是商场一造起来就摆着了。因为时间太长，简直成了一个坐标，时不时会有人想到去张望一眼。婆婆没儿没女，靠这个小摊子度日，倔强地自己养活自己。银泰的每一个保安都认识婆婆，还会帮婆婆换钱——因为婆婆只收现金。这对杭州人来说，有点难。

但是婆婆也已经有好几年没能卖成白兰花了。有媒体做了这么一篇稿子，整个杭州都陷入了对白兰花的怀念中。

287

每年 3 月，杭州人就陷入了花的迷思里。因为春天的花陆陆续续全都开放了。

最被杭州人喜欢的当然是桃花。太子湾的郁金香也算杭州春天的头牌之一。但最近几年，在杭州最红的，应该是樱花。

这个风潮也不知道是怎么起来的，忽然吹遍了钱塘江两岸，到处都有公园让樱花“C 位出道”。但这一切可能都比不上滨江区闻涛路的樱花大道——这是一条建在江边的跑道，大概七点四千米长的跑道边种了约一千八百株樱花。

跑道是2017年开放的，刚刚开放时，说是樱花跑道，但刚种下没多久的樱花，还是清瘦了一点。到2019年，已经有点气势了。想必再过几年，真的会成为我们想象中美不胜收的樱花大道吧。而且相比其他的樱花主题公园，这条跑道是永远免费开放的。

在这条跑道上跑步，光是想想就觉得很健康很美好呢！

288

杭州年纪最大的一株梅花在余杭超山，人称唐梅。和唐梅做伴的，是相距不远的一株宋梅。

这倒和唐樟的故事有那么一点相仿之处——唐樟近处，也有一株宋樟，默默相伴漫长岁月。不过唐梅要比唐樟健康，每年冬天仍然花满枝头，引得无数游客慕名而来。

不过，也有一种说法，说这株唐梅不是唐朝种的，是为了纪念宋代义士唐珏而命名的。但即便如此，它也已经有六百多岁了——要我说，它们可能也不在意自己到底已经活多久了。毕竟对美人来说，上了年纪，就不太喜欢别人提年龄，美就是了。

当然，是美的。超山的梅花号称十里香雪海，盛放之时，也确实如梦似幻。

略有点可惜的是，上一次我去超山赏梅，在梅林中漫步，扑鼻而来的不是梅花香，而是……臭豆腐的勾魂味道。超山公园里的小吃摊，主打小吃居然是油炸臭豆腐！

所以，杭州人真的是有多爱吃臭豆腐啊。

289

说到吃，杭州人心里是有一张地图的。比如萧山萝卜干，那要是在异国他乡，就是让人要落泪的乡愁了。仓前“掏羊锅”，入冬了去吃一次，从心理上就觉得这个冬天会暖了。钱塘江边当然必须吃江鲜，江白条清蒸，是无上美味。

超山边上有个塘栖古镇，是个典型的优美的江南小镇。这么讲吧，它和西塘、乌镇之类的江南水乡小镇，几乎没什么不同，相似度很高，很多外地人都分不清。

塘栖古镇

但要说区别，也是有的。比如杭州人一到初夏，就会想到塘栖，绝对不会想到西塘。

为啥呢？因为是吃枇杷的时候啦。塘栖枇杷之有名，比超山的唐梅都要历史悠久。塘栖枇杷是从隋朝就开始种植的，到唐朝时，已经是贡品了！其中，又以白沙枇杷最为好吃，果皮淡黄近白，口感蜜甜，算得上是国宝级的水果（这是百度百科说的，不是我说的）。

所以，初夏的时候，杭州人的乡愁啊，就有一分在塘栖了。

290

上海的小学教材里，把“外婆”改成了“姥姥”。有个家长看不过去，发帖质问，结果在整个江南引发轩然大波。

毕竟，几乎所有杭州人的童谣，都是从“摇啊摇，摇到外婆桥”开始的啊。而杭州最负盛名的餐饮之一，就叫“外婆家”，连锁店开遍全国。这要改成姥姥，真是谁也受不了吧——大部分杭州人的人生里，从没出现过“姥姥”这个词。

但深究起来，也不一定。其实老底子，杭州也是有人管自己的外婆叫“姥姥”的，这群人，大多曾经生活在百井坊巷一带。为啥呢？因为当年百井坊巷一带住的都是八旗驻防营里的旗人后代。晚清时期，驻扎在旗营里的人几乎是封闭的群体，保留着旗人的生活习惯，当然也保留了自己的方言体系。清政府被推翻后，这些旗人和后裔都被安置到了百井坊巷——当时那里叫“二百间”，因为一共盖了两百间平房，分二十条弄，每条弄有两口井，因此后来才改名叫百井坊巷。

语言的传承是很神奇的，很长一段时间里，听到杭州人管自己的外婆叫“姥姥”，就基本可以判断他住在百井坊巷了。

当然啦，现在，百井坊巷已经荣升为杭州地皮最贵的地段之一，井是早就没有了，“姥姥”应该也被“外婆”同化了吧。

291

杭州人大都听说过“王老虎抢亲”这么一句话，但故事到底讲的啥，可就不一定说得清。

其实，这是一个发生在河坊街的爱情故事。这个故事的主角是江南四大才子之一的周文宾。传说中，周文宾是杭州人，长得那是相当俊俏。有一年元宵节，正好在杭州的祝枝山和周文宾男扮女装上街观灯，去的地方，就是河坊街一带。刚才说了，周文宾长得俊俏，女装扮相也是花容月貌，就被兵部尚书之子王老虎看上了，强抢而去。周文宾只好骗王老虎说：“你要是真心喜欢我，那咱不能强买强卖，要么明朝我们好好开始。”于是，王老虎先把周文宾安排在妹妹王秀英的闺房里过夜，自己喜气洋洋准备第二天的喜宴。结果呢？周文宾和王秀英早就彼此爱慕，第二天真相大白，王老虎抢亲抢来了一个妹夫。

这个故事脱胎于弹词《三笑》里的一条副线，杭州人那是相当喜欢。因为在传统越剧里，很少有这么喜气洋洋的剧目。不过，江南四大才子里其他三个都确有其人，唯有周文宾完全是杜撰出来的——怪不得美得能让王老虎看上。

292

新杭州人越来越多，单位里开会的时候，有时候说高兴了，我就开始说杭州话，结果总有小朋友两眼蚊香圈地望着我说："能不能说普通话？"

唉，其实杭州话很有味道很讲究的。比如，老杭州人说约会，叫"靠位儿"，现在年轻人已经不知道这个词了——盖因这个词，有极其鲜明的时代特色。

众所周知，老底子人没有这么多娱乐项目，而杭州幸好有个西湖。即便在全湖尚未免票之时，也有很多临湖的地方是不卖门票的。于是青年男女约会最省钱的，当然是逛西湖。

西湖边有很多长椅，以前都是情侣专属的。在湖边的位子上靠在一起，俗称"靠位儿"——老杭州人的约会专用名词。

293

说来有趣，一天，有个老杭州打电话给某报社，问了一个问题——

这位老杭州说他从小听人讲一句话，叫"该死的王小毛"，通常发生在事情搞砸了或者用来自嘲的情况下。他的问题是，一方面，很久没听人讲了，另一方面，他也很好奇，这句话到底源自哪里，有啥典故的啦。

这家报社也很"要事体"（喜欢揽事情），就去采访了这个姓俞的老杭州。老俞说，他是从小听这句话长大的，小时候做错事了，大人就要骂他"该死的王小毛"。麻将桌上有人手气不好，会嘲讽自己是"该死的王小毛”。而印象最深刻的是，有一次看见一户人家发生火灾，救火无望了，十岁的老俞看见那家的男主人跪在地上哭天抢地：“我是该死的王小毛呀，我是该死的王小毛呀……”他以为是这家人自己的过失，没想到别人告诉他，发生这种事大叫“我是该死的王小毛”会有奇迹发生……

所以，“王小毛”到底是谁啦?! 他怎么该死了啦?!

294

这家报社一问大家“王小毛”是谁，其官方微信公众号的评论区就炸开了锅。

有从来没听过的，表示自己可能是个假的杭州人。有觉得有点印象的，但不知道打哪听过。有几个人表示，这个可能来自上海，因为隔壁头上海电台，有个节目就叫《滑稽王小毛》。

不止一个人指出：第一，不是“该死的王小毛”，没有这个“的”字；第二，其实是“黄小猫”，杭州人“王”“黄”不分，“毛”“猫”同音，大家传啊传啊传岔了。

至于为啥是“黄小猫”呢，大家说起来，倒都差不多。说的是以前杭州有个叫王小毛的人，他或很穷，或爱吹牛，或运气不好，或者以上皆有，总之在他身上发生一串事情之后，有个大官，或者皇帝，或者女人，或者随便一个能决定王小毛生死富贵的人，在盒子里装了一样东西，叫他猜里面是啥。王小毛咋猜得出来啊，只好顿足说：“你这个该死王小毛啊！”意思就是认栽了，没想到盒子里是一只死掉的黄色小猫！

嗯……感觉也是有点稀奇。

295

其实,每个地方的方言,考据起来都很有趣。

比如,杭州话里有一句非常经典的“吃 HOU GANG”。我一直以为是“吃齁(hōu)缸”,因为这句话的意思是用华而不实的甜言蜜语去哄人开心以达到自己的目的。我想,齁甜齁甜的一缸,是有点过了的呀。

比如你哪天回家忽然开始讨老妈开心,老妈就会不耐烦地推开你说:“好的嘞!你覅把(给)吾吃 HOU GANG 的嘞!说,你要我买啥西(什么)!”

结果前两天,我的一位老杭州同事告诉我,这句话应该是“吃鲎(hòu)羹”。这个鲎是什么东西?!鲎羹,又是什么东西?!

同事说,鲎是一种长得和鳖有点像的节肢动物,也叫鳖鱼,但是据说口感很差,而且吃了容易中毒。那杭州人说的“吃鲎羹”,出处很可能是老底子某个杭州人为了挣面子,买了一个鲎做汤来冒充甲鱼汤请客,引申出的意思就是一个人说的比做的好听多了,“只会给人吃鲎羹”。如今,鲎已是国家二级保护动物,不能食用。

而“吃鲎羹”的“PLUS 版”,叫“鲎羹吃到海里厢(里面)”。嗯,形容大部分创业公司路演时对投资人画的大饼,就可以用上这句话了。

296

在杭州,有一个数字是你不能不知道的。

“六二”——但凡看到这个数字,杭州人脸上都会流露出意味深长的微笑。很多新杭州人来杭州学会的第一句话就是:“你这个六二!”一旦新杭州人用非常不标准的“杭普话”说出这个短句,立刻能短时间打开杭州人的心扉,让自己融入杭州人的圈子。

当然,这个数字一定要用杭州话读出来才有效果,用杭州话读,音同“盝(lù)儿”——这个“盝”字现在也没什么人用,都能进《生僻字》这首歌里了。在古代,这个字的意思就是小盒子,杭州人又很喜欢“儿”字,所以小盒子就叫“盝儿”。那用它来指一个人是啥意思呢?大概率

“六二”还是“盝儿”?

的意思，就是说这个人脑子空空像个盒子一样，比较笨。

不过在杭州，“六二”在不同语境下可以引申出各种丰富的意义，有点像老太太骂自己的老头子“你这个死鬼”，不是真的要骂老伴去死，实在是很亲昵的称呼。在杭州，这个词也有一种亲昵的俏皮感，以至于儿童节一过，第二天全杭州的人都会发个朋友圈消息：“今天是我们的节日，祝大家六二节快乐！”

297

想要最快了解一个城市，当然要先从学方言开始。杭州电视台有一个已经做了十几年的王牌栏目——《阿六头说新闻》。这是一档专门用杭州话来聊新闻的节目，深受老杭州人的喜欢——家长里短，娓娓道来，特别有烟火气。

节目的主持人“阿六头”其实有好几个，这么说起来，杭州电视台十六年前也算引领风骚了，这么早就引入了主持人“人设”的概念。“阿六头”在杭州方言里，是“六二”的PLUS版。“阿六头”不光说新闻给大家听，还会点评几句，亦庄亦谐，生动幽默，很快就让杭州老百姓迷上了，“阿六头”成了这几位方言主持人的昵称，亲切得很。电视台还评过小阿六头——杭州萌娃们操着一口地地道道的杭州方言，往往把评委们逗得开怀大笑。

杭州的“有意思”，绕不开“阿六头”。而“阿六头”里和我最熟的一位，叫安峰。多年前，安峰和我是同行，当然，他是“西湖之声”的名嘴，我只在另一个小电台里当小主播。他是真爱杭州的杭州人，表达爱意的方式比我丰富多了，从声音，到《阿六头说新闻》，到一本本说杭州的书……全方位三百六十度无死角输出，令人佩服。

因此，这一小段文字，送给有意思的"阿六头"安峰，你们要记得听他去说新闻呀。

298

从"盏儿"这个词就可以感受到，杭州人真的是很喜欢词后面加"儿"字。

杭州话里的词尾"儿"字发音和北京话里的儿化音不一样。北方的儿化音，那个"儿"字是个尾音，半含在嘴里。比方说，一幅画，儿化音的话是把"儿"字卷到话里去的感觉——"一幅画（儿）"，"儿"字发个很轻的卷舌尾音，在嘴里就化了。在杭州，我们也说"一幅画儿"——这个"儿"字是个重音，是明明白白要说出来的。

所以严格来说，杭州人爱在词后面加的"儿"是儿缀。之前我们做了一本《杭州历》，在里面用了大量带"儿"字的词语，比如姑娘儿、小伢儿……结果一开始"儿"字被编辑删光了，说儿化音是不能把"儿"标出来的。我一问，果然，编辑不是杭州人！

《水浒传》里就用了大量的儿缀词。比如这一句："又只一拳，太阳上正着，却似做了一个全堂水陆的道场，磬儿、钹儿、铙儿一齐响。"这里，每一个"儿"字都要重音读出，是个单独的字。有学者统计，水浒里有一百七十八个儿缀词，有八十三个仍然在现在的杭州方言里出现。

最经典的，当然是杭州话童谣啦："杭州小伢儿，头上戴帽儿，坐的小凳儿，吃饭用筷儿，喝汤用瓢儿，吃好搞搞儿……”这里每一个词都在现在的杭州话里。可惜的是，现在的杭州小伢儿最多学点这样的童谣了，会说杭州话的，越来越少。

299

姑娘儿、小伢儿、板凳儿、瓢儿……这些儿缀词，很多人从字面上就能理解。不过有一句杭州话，从字面上看，很难猜出它的意思，但这是一句很常用的话——“拷瓦爿儿”。

这句话啥意思呢？其实就是AA制！杭州人，朋友间聚会说好“拷瓦爿儿”，就表示这是一场吃完后大家各自付钱的聚会。怎么样，杭州人很洋气吧？在AA制这个词流行之前，我们已经有关于它的专有方言了！说明杭州人很早就接受了聚餐AA制这种相较而言更为长久的朋友相处模式。

“拷”在杭州话里的意思就是打，这里就是打碎的意思，至于为啥打碎一片瓦意为AA制这一点，就不太可考了，也有说来自儿童用砖瓦过家家的。这个词也可能是从宁波一带传来的，不过在宁波那里没有这个“儿”字，“拷瓦爿”也不仅仅是指AA制，还有各自带点食物来开小型聚会的意思。

300

和吃饭相关的另外一句杭州话相当好玩——“贱儿饭”，意思就是白吃白喝，多少有点蹭的意思，但不是指到饭店吃霸王餐。杭州人说某人爱吃贱儿饭，多半指的是这个人喜欢到处蹭饭，但是从来不付钱，总之要给个“差评”。

这个词儿真的很古老，知道的人倒是挺多的。为啥？当然不是因为吃贱儿饭的人多啦。在2000年前后，几个杭州小伙子组了一个乐队，叫“口水军团”，用两首杭州话RAP，唱爆了杭州城。其中有一首就叫《贱儿饭》，讲的就是去饭店吃贱儿饭，歌词简直洗脑：“贱儿饭，老酒吃饱。贱儿饭，表（不要）付钞票。贱儿饭，贼头狗脑。贱儿饭，苦头吃饱。”

这歌儿之魔音贯耳，在时隔十几年后的今天，说到这三个字我脑海中还能立刻回荡起旋律来……

301

口水军团出过一整张杭州话RAP的专辑，最有名的两首，除了《贱儿饭》，另一首是《杭州是个好地方》。

杭州是个好地方，写的是一个悠闲的杭州青年一天的行程：早上逛西湖，中午去梅家坞吃饭，下午在湖边打牌，抬脚去著名的“女装一条街”武林路看美女，然后晚上吃了一连串杭州好食物后，去泡酒吧。

总之，这首歌有点吊儿郎当，有点得意扬扬，有点无所事事，有点想寻事儿……很“杭州”了。

302

这里就不得不提一下关于杭州真正的神曲了——《梦想天堂》。

这首歌是杭州歌手应豪1995年夏天创作的。他说那年夏天，某天暴雨过后，他骑车沿着西湖游走到了涌金门，忽然文思泉涌，第一句歌词“我们的家，住在天堂……”就出来了。

很多老杭州是在当年杭州本地最红的电视台——西湖明珠频道上听到这首歌的，因为太好听了，很多市民就请求让这首歌成为杭州的市歌。2002 年，应豪将这首歌赠给杭州——它真的被定为了杭州市市歌。

我最喜欢的是这两句：“你把你的名字写在云的脸上，让所有的远方看见你的模样。你把你的春天挂满每一个脸庞，让远来的翅膀不想家。”

1995 年的应豪，骑着单车经过西湖，应该想不到二十多年后，整个世界都有怀着梦想的人带着希望来到杭州，并且真的留了下来——1995 年，杭州市的人口不到两百万，而现在，已经一千万出头。

303

杭州有句老话：“出力不讨好，黄胖搡年糕。”为啥这么讲呢？黄胖又是哪个姓黄的胖子？其实“黄胖”这个名字最早出现在南宋叶绍翁的《四朝闻见录》里，还有一个悲伤的故事叫“黄胖诗”。说的是南宋大臣韩侂胄某个春日在西湖边设宴，想不出新鲜玩意儿，就让人用西湖的淤泥做了很多胖胖的要用棉线系住才站得住的人偶，宣布说这些人偶的名字叫“黄胖”，还要求大家为此赋诗。结果他有个族人就写了这么两句：“一朝线断他人手，骨肉皆为陌上尘。”这么倒胃口的诗，韩侂胄当然非常不高兴啦，没想到一语成谶，后来韩侂胄被杨皇后用计杀了。人们遂渐渐地用“黄胖”代指那些看起来很有力量实则会“一朝线断他人手”的人物，后来直接用来泛指虚胖的人——看起来是个大块头，其实没什么力量，很容易倒下了。

这也就解释了“出力不讨好，黄胖搡年糕”这句话。要知道，搡年糕也就是打年糕，是一个顶顶需要力气的活儿，而派看起来大块头但完全虚胖没力气的黄胖上场，就真的出力不讨好了。

唉，说到底，我写了这么多，你到底喜不喜欢看啊？我可别是“出力不讨好，黄胖搡年糕”啊！

304

要说杭州话里最让外地人昏头的，是杭州人的“你们”“我们”“他们”。

在杭州话的语境里，这三个词，语义那是相当复杂。拿应豪《梦想天堂》的第一句“我们的家，住在天堂”来说，这里的“我们”，就是你我他大家的意思。但如果有一个杭州人来和你说“今天请你去我们家玩”，不是要把家和你共享，这里“我们家”就是“我的家”的意思。但这并不是让外地人最抓狂的运用，最抓狂的运用是杭州小嫂儿挂在嘴边频率最高的两个词“我们老公”“我们伢儿”。外地人听到真当要昏倒，谁和你“们”啊？

杭州男人眯眯笑，用“杭普话”说：“我们老婆嘎套（这样）说惯了，表（不要）慌表慌。”

没错，在杭州话里“我们”“你们”“他们”，意思通常是“我的”“你的”“他的”。我们老公，你们单位，他们儿子——那个“们”，都算是个语气助词，并不是复数的意思。这个“们”字的使用围绕个人展开，用在场景、人物身上居多，比如我们“屋里厢”（家里面），你们“隔壁头”（隔壁），他们办公室……但基本上不会用到物品上，我的手机就是我的手机，不是我们手机，你别想乱动。

所以，如果有杭州人和你说“我们姆妈”怎么样，不要兴奋，他没有和你好到想结拜兄弟的分上。杭州小嫂儿在一起探讨“我们老公”，你也别惊讶，她们并没有共享老公！

305

让杭州人从小吃到大的栗子，既不是糖炒的，也不是红烧的，而是——“笃栗子”。

几乎每个杭州人的儿时记忆里都有大人的一句话：“呗（给）你吃个‘笃栗子’！”

这句话一出，正在捣蛋的杭州小伢儿立刻老实下来，盖因这句话的意思完全不是请你吃糖炒栗子，而是一种带着痛感的警告。所谓“笃栗子”，就是“手的中指中间关节弯起以敲击他人脑壳的行为”，想象一下就很形象了，用一颗栗子敲在头上的感觉。

说实在的，被提前警告的“笃栗子”，多半是“吃”不到的，这是大人的一种威慑。真正“吃”到的“笃栗子”，都是出其不意的。大面上是正在干坏事的时候被抓了现行，直接脑壳上被来了一记。

306

比“笃栗子”要升级一点的惩罚，也是老杭州人小时候常常会听到的，叫“鞭三饭”。这当然也不是请你吃饭，而是要上工具了，比如鸡毛掸子……

通常来说，当大人恐吓你要“吃鞭三饭”的时候，这错误就已经有点大了。当然也有调皮的男生，从小“吃”惯“鞭三饭”，满不在乎。

“笃栗子”和“鞭三饭”，统称“吃生活”，原义都是指大人体罚小孩。这是吴语系统里的通用语，江浙一带都有这个说法。因为以前体力劳动者比较多，工作时大家手上都有用来讨生活的工具，用劳动工具敲打对方，就变成了“吃生活”。

可以想象，什么情况下会顺手拿起手头工具给对方来一下？多半是小孩子调皮，大人顺手。所以前面再加个“吃”字，整个气氛就微妙地亲昵起来了——总体来说，还要归根于，杭州人真的相当爱吃！

307

要说小时候最爱干的事之一，就是替大人跑腿买东西。当然肯定不是因为爱劳动，而是因为帮大人买东西，若逢着大人心情好的话，就能从找回的零钱里得到一二，我称之为“打绿豆儿”。说来难为情，我一直以为这个词就是这么写的，说不定就是指买了一大筐绿豆，从缝里掉出来的那些归了经手人。

后来查来查去查不到这四个字，换了个方向，才知道应该是“打落头儿”。用杭州话来说，其发音和“打绿豆儿”就是一模一样的。

但本义上，和我的揣摩倒也差不多。

据说，老底子进杭州城是要过城门的，买卖粮食的生意人运粮进出城，守城门的大头兵会往粮车上猛踢一脚，就会有粮食什么的被震落到地上，那就都被军爷私吞了，一天下来也不少，这就叫“打落头儿”。

不过，这些也都只是民间相传，并不可考。要我说，这个操作，还是绿豆比较容易滚下来吧，而且绿豆也是杭州人很爱吃的啊！

308

杭州人的夏天，一定有一碗绿豆汤。

与红豆相比，绿豆更温柔清淡一点。好像不太听得到喝红豆汤的，红豆多半用来做浓烈甜蜜的红豆沙，或者红豆棒冰。总之，红豆给人的感觉是没什么季节感，不像绿豆，一说绿豆汤，感觉夏天就到了。

绿豆味甘性凉，杭州人还爱在绿豆汤里加百合，在甘甜的口感里和入一味清苦，配上江南燥热的风和满耳的蝉鸣，是老杭州记忆里，夏天的味道。

图书在版编目(CIP)数据

杭州有意思 / 林琳著. — 杭州：浙江工商大学出版社，2020.5(2023.4 重印)

ISBN 978-7-5178-3651-3

Ⅰ. ①杭… Ⅱ. ①林… Ⅲ. ①杭州—概况 Ⅳ. ①K925.51

中国版本图书馆 CIP 数据核字(2020)第 005341 号

杭州有意思

HANGZHOU YOU YISI

林　琳　著

出 品 人　鲍观明　汪海英
策划编辑　沈　娴　方晓阳　方　杏
责任编辑　沈　娴
责任校对　何小玲
插　　图　郑思佳
封面设计　观止堂_未氓
责任印制　包建辉
出版发行　浙江工商大学出版社
(杭州市教工路 198 号　邮政编码 310012)
(E-mail:zjgsupress@163.com)
(网址:http://www.zjgsupress.com)
电话:0571-88904980,88831806(传真)
排　　版　杭州朝曦图文设计有限公司
印　　刷　浙江海虹彩色印务有限公司
开　　本　889mm×1194mm　1/32
印　　张　8
字　　数　171 千
版 印 次　2020 年 5 月第 1 版　2023 年 4 月第 4 次印刷
书　　号　ISBN 978-7-5178-3651-3
定　　价　68.00 元